越南刑事诉讼法典

2021年修订

伍光红　陈　莹◎译

YUENAN XINGSHI SUSONG FADIAN

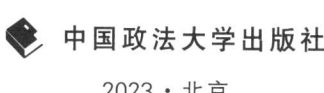

中国政法大学出版社

2023·北京

图书在版编目（ＣＩＰ）数据

越南刑事诉讼法典：2021年修订/伍光红，陈莹译. —北京：中国政法大学
出版社，2023.8

　ISBN 978-7-5764-1002-0

　Ⅰ.①越⋯　Ⅱ.①伍⋯　②陈⋯　Ⅲ.①刑事诉讼法－法典－越南
Ⅳ.①D933.352

中国版本图书馆CIP数据核字(2023)第136615号

出版者　　中国政法大学出版社

地　址　　北京市海淀区西土城路 25 号

邮　箱　　fadapress@163.com

网　址　　http://www.cuplpress.com（网络实名：中国政法大学出版社）

电　话　　010-58908435(第一编辑部) 58908334(邮购部)

承　印　　固安华明印业有限公司

开　本　　880mm×1230mm　1/32

印　张　　9.75

字　数　　211 千字

版　次　　2023 年 8 月第 1 版

印　次　　2023 年 8 月第 1 次印刷

定　价　　46.00 元

译者简介

伍光红 男，1975 年 8 月出生，汉族，法学博士，现为广西民族大学法学院教授、博士生导师，兼职越南河内国家大学法律系博士生导师。1997 年本科毕业于山东大学法学院经济法专业，2002 年获武汉大学法学院诉讼法专业硕士学位，2011 年获越南河内国家大学法律系刑事法学专业博士学位。获聘广西壮族自治区人大常委会首批立法专家、全国外国法制史研究会常务理事、广西诉讼法学研究会副会长、广西东盟法学研究会副会长。主要研究方向为刑事诉讼法和东盟法，已主持国家社科基金项目 1 项，主持省部级科研课题 3 项，已在国内外核心期刊和其他刊物发表专业论文 40 余篇，出版著作 5 部（含合著）。

代表作为：①《越南法律史》，专著，商务印书馆 2022 年 7 月 1 日出版；②《越南民法典》，译著，商务印书馆 2018 年 4 月 1 日出版。

陈莹 女，1984 年 8 月出生，汉族，广西桂林人，博士毕业于越南河内国家大学所属社会科学与人文大学语言学专业，现为中国广西国际青年交流学院讲师，兼职广西理工职业技术学院电商直播学院副院长。研究领域：越南语翻译研究、青年外事研究、电商研究等。自 2007 年起连续 12 年担任中越两国共青团中央组织开展的"中越友好会见"活动翻译。自 2010 年起连续 10 年抽调到"中国－东盟博览会"，负责接待越南高级政府代表团，担任翻译和礼宾官工作。主持市厅级科研课题 3 项，在国内外发表论文 20 余篇，出版著作 3 部（含合著）。翻译成果有：《越南禁毒法》《越南〈刑法典〉中的刑罚免除制度研究》。

译者序

一、越南《刑事诉讼法典》的产生和发展历程

越南，全称越南社会主义共和国，地处东南亚中南半岛东部，东部和南部面临南海，北部与中国云南、广西接壤，西部与老挝、柬埔寨为邻。自秦汉至宋初，越南中北部曾长期属于中国一部分，宋初正式脱离中国封建王朝的直接统治，但仍向中国朝贡，属于中国的藩属国，直至19世纪中叶之后越南逐渐沦为法国殖民地。1945年八月革命，胡志明宣布成立越南民主共和国。1954年，越南抗法战争胜利后签署的《日内瓦停战协定》，将越南以北纬17度划分为南北越。1975年9月2日南北越统一，1976年改名越南社会主义共和国。

越南传统法律文化与中国传统法律有着千丝万缕的联系，颁布于1042年（越南李朝李明道元年）被称为越南最早成文律书的《刑书》就是继受中国唐宋律的立法成果，被视为"摹仿唐宋律时代"之起点，黎朝的《国朝刑律》也是参照唐宋律制定，阮朝的《皇越律例》则是完全参照《大明律》和《大清律》制定。但在刑事诉讼程序立法方面，越南封建王朝还是有其较为独到之处。如黎朝除了《国朝刑律》的最后两章对诉讼程序进行了规定之外，还制定了《国朝勘讼条例》。这是一部专

1

门关于诉讼的法律，具体成于何年尚未能可考。在《历朝宪章类志》的《文籍志》部分，潘辉注载《国朝勘讼条例》有两卷，被修订于景兴三十八年（即 1777 年），并有皇帝的旨谕写在外皮，大致应成书于 18 世纪，后经修订。《国朝勘讼条例》共有 31 条例，第一个条例是关于勘讼通例，其他条例的内容一般都是比较短，规定诉讼过程的具体步骤或具体类型案件的诉讼条例，包括各司法机构及管辖权限、审级制度、诉讼程序等内容。[1]

现在的越南作为社会主义法系国家，其法律体系与中国较为相似，也是以宪法为统帅和依据，由各部门法律及其配套法规所构成，其法律表现形式包括宪法、法典、法律、国会议决[2]、政府议定[3]、部门及地方决定等多个层次。此外，越南签署或加入的国际条约、协定也是越南法律制度的重要组成部分。自越南革新以来，伴随着越南的刑事实体法律制度法典化，刑事程序立法也颁布了三部与同时期《刑法典》相适应的《刑事诉讼法典》，在越南分别被称为 1988 年《刑事诉讼法典》、2003 年《刑事诉讼法典》和 2015 年《刑事诉讼法典》。

1988 年《刑事诉讼法典》于 1988 年 6 月 28 日在越南第八届国会第三次会议通过并颁行。在刑事诉讼法律制度法典化之前，只有司法机关的组织法是以法律形式制定，而规范诉讼程序和方法的内容都是以更低层级的规范性法律文件规定的，导致全国各地的刑事司法的不一致性。1988 年《刑事诉讼法典》

---

[1] 具体参见伍光红：《越南法律史》，商务印书馆 2022 年版，第 75 ~ 94 页。
[2] 越南国会制定的议决相当于我国全国人民代表大会制定的条例。
[3] 越南政府的议定相当于我国国务院制定的行政法规。

使之前的各种刑事诉讼法律规范得到了统一，并增加了许多符合世界刑事诉讼发展趋势的内容：增加了无罪推定与保障辩护权的刑事诉讼基本原则；在对犯罪嫌疑人立案之后允许辩护人为其辩护；规定了系统的刑事证据制度；规范了拘捕犯罪嫌疑人的条件与程序；增加了保释和缴纳保证金等强制措施。1988年《刑事诉讼法典》立法的形式和内容在当时越南理论界被认为是一次重大的进步。

2003年《刑事诉讼法典》于2003年11月26日在越南第十一届国会第四次会议通过，并于2004年7月1日开始施行。与1988年《刑事诉讼法典》相比，2003年《刑事诉讼法典》更加注重对人权的保障，如：对辩护人介入侦查阶段的时间有所提前并更加具体化；增加了辩护人的辩护权利；扩大了以保释和缴纳保证金方式替代拘捕、羁押强制措施等。2003年《刑事诉讼法典》主要规定了立案、侦查、起诉、审判和执行的程序和步骤，各诉讼专门机关的职能、任务、权限及其相互之间的关系，刑事诉讼机关工作人员的权限和职责，诉讼参加人员的权利和义务，以及刑事诉讼的国际合作等内容。

2015年《刑事诉讼法典》于2015年11月27日在越南第十三届国会第十次会议上通过，原定于2016年7月1日正式实施。但因同批次通过的越南《刑法典》存在纰漏，越南国会于2016年6月29日通过144/2016/QH13号决议，决定推迟该批次各部法典、法律的实施时间。直至2017年6月20日越南国会又通过41/2017/QH14号决议，决定将2015年《刑事诉讼法典》的实施时间确定为2018年1月1日。2015年《刑事诉讼法典》共有36章和510条，废除了2003年《刑事诉讼法典》中的26个条文，修改了 317 个条文，增补了 176 个新条文。2015 年《刑事诉讼法典》在诉讼机关及其工作人员的权限设置、当事人的人权保障、证据制度、强制措施、侦查行为、审判程序的具体规定方面都有了较大修改，体现了其刑事诉讼追求实体真实、有效打击犯罪的同时又注重保障人权的双重目的。该法典对各诉讼机关及其工作人员的权限和责任、各诉讼参加人员的权利和义务都进行了明确的规定；增加了检察院在刑事诉讼各阶段的权限和监督职能；扩大了辩护的适用范围，简化了辩护人行使辩护权的手续；增加了电子资料、委托国际司法协助结果等新的证据类型；对强制措施的适用进行了进一步规范，缩短了拘押的期限，增加了暂缓出境的强制措施和多种强制办法以保障刑事诉讼的进行；增加了声音辨认以及多种特殊侦查措施；加强了庭审的直接言辞主义原则，对警察、鉴定人、财产评估人出庭进行了规范，增加了在庭上播放录音录像等规定；增加了追究法人刑事责任的诉讼程序以及保护告发人、证人、被害人及其他诉讼参加人程序；对刑事诉讼中的国际合作作了较为具体的规定。

　　基于新冠疫情及司法实践中出现的新情况，2021 年 11 月 12 日越南国会通过《修改、补充〈刑事诉讼法典〉部分条款法》(02/2021/QH15 号)，对 2015 年《刑事诉讼法典》的个别条款进行了修改，并于 2021 年 12 月 1 日正式实施。[1]

---

〔1〕 由于 2021 年的修改内容较少，只涉及《刑事诉讼法典》的个别条款，所以在越南也未称之为 2021 年《刑事诉讼法典》，目前还称为 2015 年《刑事诉讼法典》。

二、越南《刑事诉讼法典》的基本内容和特征

（一）越南《刑事诉讼法典》的基本内容

越南《刑事诉讼法典》共分为九个部分，共计 36 章、510 条。第一部分为"一般规定"，共八章，包括刑事诉讼法典的调整范围、任务和效力，基本原则，有权诉讼机关和人员，诉讼参加人员，辩护及被害人、当事人合法权益的保护，证明和证据，强制措施与强制办法，案件卷宗、诉讼文书、诉讼期限和费用等内容。第二部分为"刑事立案与侦查"，共九章，包括刑事立案，刑事侦查的一般规定，对犯罪嫌疑人立案与讯问犯罪嫌疑人，询问证人、被害人、民事原告、民事被告、与案件有关的利害关系人，对质和辨认，搜查、扣押、暂扣材料、物品，现场勘验、尸体检验、人身检查、侦查实验，鉴定与财产评估、特殊侦查措施、侦查中止与侦查终结等内容。第三部分为"起诉"，共二章，包括起诉的一般规定、决定起诉犯罪嫌疑人等内容。第四部分为"刑事案件审判"，共三章，包括审判的一般规定、初审程序、复审程序等内容。第五部分为"关于执行法院判决、决定的一些规定"，共二章，包括立即交付执行的判决、决定和作出执行决定的权限分工，死刑案件、有条件假释、清除犯罪记录的执行程序等内容。第六部分为"对生效判决、决定的重新审查"，共三章，包括监督审程序、再审程序、最高人民法院法官委员会决定的重新审查程序等内容。第七部分为"特别程序"，共七章，包括未满 18 岁人员的诉讼程序，追究法人刑事责任的诉讼程序，强制治疗措施适用程序，简易程序，对妨碍刑事诉讼活动行为的处理，刑事诉讼中的申诉与控告，

保护告发人、证人、被害人及其他诉讼参加人等内容。第八部分为"国际合作"，共二章，包括刑事国际合作的一般规定和一些具体的国际合作活动等内容。第九部分为"执行条款"，规定了本法典的实施时间、相关法律效力及实施细则的制定问题。

（二）越南《刑事诉讼法典》的特点

从总体上看，2015年越南《刑事诉讼法典》与前两部刑事诉讼法典一样，一如既往地传承了社会主义刑事诉讼法典的属性，其基本原则、结构内容、诉讼阶段、诉讼机关名称、法律术语等都在一定程度上受到了苏联和中国刑事诉讼法律制度的影响。但越南在制定和修改《刑事诉讼法典》的过程中，也大量借鉴了其他发达国家的刑事诉讼立法经验，参考了相关国际公约中的刑事诉讼国际准则，并考虑到越南当前经济社会的发展状况和实际情形，因而使其现行的《刑事诉讼法典》颇具自身的特色。

1. 确立了多项具有现代特色的刑事诉讼基本原则

越南《刑事诉讼法典》第二章第7条至33条确立了27项刑事诉讼基本原则。其中除了刑事诉讼要保障社会主义法制、保障法律面前的平等权、保障宪法规定的个人各项基本权利不受侵犯、陪审制度、集体审判制度等传统原则之外，还确立了许多颇具现代特色的刑事诉讼基本原则。如该法典第13条规定："在经过本法典规定的程序和手续证明且由法院的生效判决确定其有罪之前，被控罪者被视为无罪。如果根据本法典律程序、手续不能查清事实或无足够证据进行控罪、定罪时，有权诉讼机关、人员必须要对被控罪者做出无罪的结论。"进而确立了越南刑事诉讼的"无罪推定"原则；第14条规定："不得对法院生效判决已经处理的行为进行立案、侦查、起诉、审判，除非其实施了刑事法律规定为犯罪的其他危险行为。"该条同时也确立了"任何人不得因同一犯罪行为被两次处理"即一事不再理原则；第 15 条规定："证明犯罪的责任属于有权诉讼机关。被控罪者有权但不被强迫证明自己无罪。"该条确立了"被控罪者不被强迫自证其罪"的原则；第 23 条规定："审判员和陪审员独立进行审判并只遵循法律，严禁机关、组织、个人干涉审判员和陪审员的审判工作。机关、组织、个人不管以任何形式干涉审判员和陪审员审判工作，都要按照其违反的性质和程度进行纪律处分、行政处罚或按照法律规定追究刑事责任。"该条也确立了"审判员和陪审员独立审判并只遵循法律"原则。越南刑事诉讼法纳入这些具有现代特色的刑事诉讼基本原则，契合了越南不断革新开放并融入国际社会的发展定向。

2. 清单式列明了各诉讼工作人员的权限和责任以及诉讼参加人员的权利和义务

越南《刑事诉讼法典》没有对各诉讼机关的权限予以明确规定，而是直接把诉讼任务和权限赋予给各有权诉讼工作人员。该法典对有权诉讼工作人员列出了明确的清单，具体包括：侦查机关的首长、副首长，侦查员，侦查干部；检察院的检察长、副检察长，检察员，检查员；法院院长、副院长，审判员，陪审员，书记员，审查员；以及获授权进行部分侦查活动机关的人员，包括边防部队机关的边防侦察局局长、副局长，反毒品和犯罪局局长、副局长，反毒品和犯罪特任团团长、副团长，省、直辖市边防部队的指挥长和副指挥长，边防队队长、副队长，港口、口岸边防的指挥长、副指挥长，海关机关的缉私侦查局局长、副局长，通关后检查局局长、副局长，省、直辖市、跨省市海关局局长、副局长；口岸海关分局局长、副局长，林检机关的林检局局长、副局长，林检分局局长、副局长，林检站站长、副站长，海警机关的海警司令、副司令，海警区域司令、副司令，业务和法律局局长、副局长，反毒品和犯罪特任团团长、副团长，海团团长、副团长，海队队长、副队长，海警业务队队长、副队长，渔检机关的渔检局局长、副局长，渔检分局局长、副局长，以及以上获授权进行部分侦查活动的各机关的侦查干部。在列出有权诉讼工作人员清单的同时，该法典又通过 13 个篇幅冗长的条文对所有诉讼工作人员的任务、权限、责任进行了规定，明确列出了各诉讼工作人员的权力清单。这种立法方式有利于各诉讼工作人员明确自己的职责和权限，避免出现在诉讼工作中权限不明的情形。

与有权诉讼工作人员的立法形式一样，越南《刑事诉讼法典》也对诉讼参加人员进行了明确的列举，具体包括：犯罪告发人、报案人、建议立案人；被告发人、被建议立案人；紧急情况下的被拘留人；被逮捕人；被拘押人；犯罪嫌疑人；被告人；被害人；民事原告；民事被告；跟案件有利害关系人；证人；见证人；鉴定人；财产评估人；翻译和编译人员；辩护人；被害人、当事人的合法权益保护人；被告发人、被建议立案人的合法权益保护人；犯罪法人的法律法定代理人、其他法定代理人等。同时，该法典分别对所有诉讼参加人员的权利和义务进行了详细的列举，明确了各诉讼参加人员在诉讼活动中的权利界限和应履行的义务。

3. 辩护人的权利较为丰富

越南《刑事诉讼法典》规定，自刑事立案之时起犯罪嫌人及其法定代理人、亲属即可委托辩护人为其辩护。对于尚未被刑事立案而因紧急情况或现行犯被临时拘留的人，则从作出临时拘留决定时开始可委托辩护人进行辩护。辩护人的权利较为丰富，包括：①会见并询问被控罪者；②在有权诉讼工作人员讯问被逮捕人、被拘押人、犯罪嫌疑人时在场，并在征得讯问人员同意的情况下，可以向被逮捕、被拘押人、犯罪嫌疑人询问情况。每次有权诉讼工作人员讯问结束后，辩护人可以询问被逮捕人、被拘押人、犯罪嫌疑人；③在进行对质、辨认、口音辨别与本法典规定的其他侦查活动时在场；④获有权诉讼机关提前告知讯问的时间和地点及本法典规定的其他侦查活动时间和地点；⑤查阅自己参加的诉讼活动笔录以及与自己所辩护的人相关的诉讼决定；⑥要求有权诉讼工作人员、鉴定人、财产评估人、翻译和编译人员回避；要求变更或撤销强制措施、强制行为；⑦要求进行本法典规定的诉讼活动；提议召集证人、其他诉讼参加人员和有权诉讼工作人员参加诉讼；⑧收集、提交证据、材料、物品和要求；⑨就有关证据、材料、物品要求进行检查、评价、发表意见，并要求有权诉讼工作人员进行审查判断；⑩要求有权诉讼机关进行收集证据、补充鉴定、重新鉴定、重新评估财产价值；⑪自侦查终结起，有权查阅、摘抄、复制跟辩护有关的案卷材料；⑫在法庭上进行提问和辩论；⑬对有权诉讼机关和人员的诉讼决定和行为进行申诉；⑭若被告人是18岁以下的人或是本法典规定的精神、生理有缺陷的人，则有权对法院判决和决定提出上诉。值得一提的是，越南刑事诉讼中的辩护人在场权不仅仅局限于讯问犯罪嫌疑人时，在进行对质、辨认、口音辨别及其他侦查活动时，辩护人也有权在场。

4. 规定了强制措施和强制办法两类较为特别的保障措施

越南《刑事诉讼法典》在规定了紧急情况下的拘留、逮捕、拘押、羁押、保证人取保、保证金取保、禁止离开居住地、暂缓出境等八种强制措施的同时，还规定了押解、引解、查封财产、冻结账户等四种强制方法。

越南刑事诉讼对于临时剥夺人身自由的强制措施区分比较细致，既对逮捕的行为与关押的状态进行了区分，又根据不同对象将逮捕的行为与关押的状态分别做了进一步区分。其中逮捕行为分为逮捕紧急情况被拘留人、逮捕现行犯、逮捕被通缉人员、逮捕犯罪嫌疑人和被告人以羁押、逮捕被要求引渡的人等五类；关押的状态分为紧急情况拘留、拘押和羁押三类。紧急情况拘留只适用于法律规定的紧急情况，拘留之后 12 小时内，侦查机关必须立即对其进行讯问，并对被拘留人作出拘押、提出逮捕令或立即释放之决定。拘押适用于对紧急情况被拘留人、现行犯、犯罪投案自首的人或者按通缉决定逮捕的人；拘押期限不超过 3 日，在必要情况下，作出拘押决定的人可以延长拘押期限，但不得超过 3 日；在特殊的情况下，作出拘押决定的人可以第二次延长期限，但也不能超过 3 日；每次延长拘押期限都必须要经过同级检察院或有管辖权的检察院批准；拘押 1 日折抵羁押 1 日。羁押是在对犯罪嫌疑人立案之后才采取的强制措施，主要适用于非常严重、特别严重犯罪的犯罪嫌疑人和被告人，但对于具有法定情形的轻罪、严重犯罪的嫌疑人和被告人也可适用羁押；羁押期限可与侦查期限、起诉期限、审判期限相同。

在越南刑事诉讼强制办法中，押解和引解措施较为特别。

对于紧急情况被拘留人、犯罪嫌疑人、被告人的转送、到案均可适用押解。引解的对象则为：无不可抗力或者客观障碍理由而不按照传票到场的证人；无不可抗力或者客观障碍理由而拒绝按照有权诉讼机关征求鉴定决定进行鉴定的被害人；经过检查、确认有足够根据确定其与已立案犯罪行为相关，但在传唤之后无不可抗力或者客观障碍理由不到案的被告发人、被要求立案人。侦查员、被授权进行部分侦查活动机关首长、检察员、开庭的审判长、合议庭都有权作出押解、引解决定。

5. 规定了刑事案件立案和对犯罪嫌疑人立案两个立案环节

越南刑事案件的立案是指侦查机关或获授权进行部分侦查活动机关、检察院、法院基于个人告发，机关、组织和个人的报案，大众传媒的爆料信息，国家机关的立案建议，诉讼机关直接发现的犯罪迹象，犯罪者投案自首等案件信息来源，在自己的侦查权限范围内予以审查、处理，并作出刑事立案与不立案的决定。当有充分的根据确定某自然人或法人实施了《刑法典》所规定的犯罪行为时，侦查机关作出对犯罪嫌疑人立案的决定。这两种立案的性质、法律后果、适用标准等方面都有所不同。从性质上说，与我国刑事诉讼的立案一样，越南的刑事案件立案也是一个较为独立的诉讼阶段，包括从诉讼机关接收个人告发，机关、组织和个人的报案，大众传媒的爆料信息，国家机关的立案建议，犯罪者投案自首等案件信息来源，或直接发现犯罪迹象时开始，到有权诉讼机关对犯罪信息来源进行审查，直至作出立案或不立案决定的一个过程；而对犯罪嫌疑人的立案在性质上只是侦查阶段中的一个诉讼行为，即有权诉讼机关确定某个特定的自然人或法人实施了《刑法典》所规定的犯罪行为，决定对其进行侦查。从法律后果来看，刑事案件立案标志着刑事诉讼正式启动；对犯罪嫌疑人的立案则意味着正式将某自然人或法人确定为犯罪嫌疑人，可依法对其采取各种侦查措施，而在对犯罪嫌疑人立案之前，尚不能称之为犯罪嫌疑人，只能根据不同情形称为被紧急情况拘留人、被逮捕人、被拘押人等。从适用标准来看，只要能确定有犯罪迹象存在，有权诉讼机关就要进行刑事案件立案；而对犯罪嫌疑人的立案要求必须有充分的根据确定某自然人或法人实施了《刑法典》所规定的犯罪行为时才能作出决定。

6. 确立了检察强力指导、监督侦查的检警关系

越南《刑事诉讼法典》在刑事立案与侦查阶段赋予了检察机关非常丰富的诉讼权能。其一，在侦查机关处理犯罪信息来源及刑事立案阶段，检察机关有批准或不批准紧急情况拘留、延长拘押，批准或不批准限制人权、公民权的其他措施；必要时，提出审查、核实要求，并要求处理犯罪信息来源的机关实施；决定延长处理告发、报案、立案建议的期限；决定刑事立案；要求侦查机关、获授权进行部分侦查活动机关进行刑事立案；撤销侦查机关、获授权进行部分侦查活动机关违法的拘押决定、刑事立案决定、不立案决定、中止处理犯罪信息来源决定，或变更、补充刑事立案决定；发现侦查机关、获授权进行部分侦查活动机关在接收、处理犯罪信息来源事项中存在不充分和违法行为时，则要求其充分、依法地接收、审查、核实并作出决定，检查犯罪信息来源的接收和处理，并将结果通报检察院，提供在接收和处理犯罪信息来源事项中有关违反法律的材料，纠正违法行为并严格处理违法者，并要求更换侦查员和侦查干部；解决有关处理犯罪信息来源的管辖权争议；有权对侦查机关、获授权进行部分侦查活动机关刑事立案工作的合法性进行检查，要求侦查机关、获授权进行部分侦查活动机关提供相关材料，确保每一个被发现的犯罪都被刑事立案，且立案合法有据。侦查机关、获授权进行部分侦查活动机关在刑事立案工作中必须执行检察院的要求和决定，即便有不同意见，也必须执行，但有权向直接的上级检察院提出复议。其二，在刑事侦查阶段，检察院有权要求侦查机关、获授权进行部分侦查活动机关变更、补充刑事立案决定及对犯罪嫌疑人的立案决定；批准或不批准逮捕紧急情况被拘留者，延长拘押期限，羁押，保证人取保，保证金取保，搜查，扣押，暂扣物品、信件、电报、邮件、邮政包裹，适用特殊侦查措施等决定、命令；撤销侦查机关、获授权进行部分侦查活动机关无根据和非法的诉讼决定；决定适用、变更或撤销强制措施和强制办法；提出侦查要求，并要求侦查机关、获授权进行部分侦查活动机关进行侦查，以查清犯罪事实和犯罪人；要求侦查机关通缉犯罪嫌疑人，适用特殊侦查措施；在发现处理告发、报案、立案建议及负责立案、侦查事项的有权诉讼工作人员的行为有犯罪迹象时，对其进行刑事立案；决定延长侦查期限、羁押期限；对侦查机关、获授权进行部分侦查活动机关在立案、侦查、建立卷宗事项的合法性进行检查；必要时要求侦查机关、获授权进行部分侦查活动机关提供相关材料以检查其立案、侦查事项的合法性；在发现侦查行为不彻底或违反法律时，检察院有权要求侦查机关、获授权进行部分侦查活动机关依法进行侦查活动，并对侦查行为进行检查，将结果通报检察院；建议、要求侦查机关、获授权进行部分侦查活动机关纠正立案和侦查中的违法行为；要求侦查机关、获授权进行部分侦查活动机关首长更换侦查员、侦查干部，严格处理在诉讼活动中违法的侦查员、侦查干部。侦查机关、获授权进行部分侦查活动机关必须执行检察院在侦查期间提出的要求和决定，即便有不同意见也必须执行，但有权向直接的上级检察院提出复议。其三，刑事诉讼中的诉讼参与人员对侦查机关提出的申诉、控告，由检察院进行审查、处理；各侦查机关之间就侦查管辖发生争议时，检察院有权作出处理决定。

可见，越南刑事诉讼中的检警关系较为特别。它既体现了检察对侦查的强力指导，检察院可以对侦查机关的立案与侦查行为提出要求且侦查机关必须执行要求；同时也体现了检察对侦查的强力监督，检察院在侦查阶段具有"事中监督权"，可以在刑事侦查过程中直接对侦查机关的人员、活动和决定进行审查和监督。此外，越南刑事诉讼中的检察院在侦查阶段还具有一定的"裁判者"性质，负责处理诉讼参与人员对侦查机关提出的申诉、控告以及各侦查机关之间就侦查管辖发生的争议。

7. 建立了直接言辞主义和对抗式的审判制度

越南《刑事诉讼法典》第250条的标题为"直接言辞与连续审判"，该条第1款规定合议庭须通过询问和听取被传唤出庭的被告、被害人、当事人或其法定代理人、证人、鉴定人和其他参与人意见，审核、检查所收集的材料和证据，出示笔录、材料和进行其他诉讼活动以检查证据，听取检察员、辩护人以及被害人、当事人合法权益保护人意见等方式直接确定案件的情节。第308条规定，如果被审问对象到庭，合议庭、检察员就不得出示其在侦查和起诉阶段的言辞证据；在侦查和起诉阶段的言辞证据只能在以下情形中出示：①被审问对象在侦查和起诉阶段的言辞证据与他们庭审现场的陈述有冲突；②被审问对象在法庭上不做陈述或不记得其在侦查和起诉阶段所作的陈述；③被审问对象要求出示其在侦查和起诉阶段所作的陈述；④被审问对象没出庭或已死亡。这些法条规定确立了越南的直接言辞主义的审判原则。

在法庭调查阶段，检察员、被告人及其法定代理人、辩护人、被害人、当事人及其法定代理人、合法权益保护人都有权对出庭参加诉讼被告人、被害人、证人、鉴定人、财产评估人等进行交叉询问。在法庭辩论阶段，检察员、被告人及其法定代理人、辩护人、被害人、当事人及其法定代理人、合法权益保护人都有权充分发表意见，相互进行对抗辩论，审判长不得限制辩论时间，必须创造条件使检察员、被告人、辩护人、被害人和其他诉讼参加人员能够穷尽所有意见，但有权打断与案件无关或重复发表的意见。合议庭要充分聆听并记录检察员、被告人、辩护人及其他庭审参加人员的所有意见，以便客观、全面地审查案件事实。如果不采纳庭审参加人员的意见，合议庭必须明确说明理由并写入判决书。这些规定确立了越南的对抗式审判制度。

8. 对生效裁判的重新审查分为监督审和再审两种类型

越南刑事诉讼中的监督审是指对已发生法律效力但因发现处理案件过程中存在严重违法行为而被抗诉的法院判决、决定进行重新审理。对发生法律效力的法院判决、决定，如果存在判决、决定结论与案件客观情况不符，侦查、起诉、审判程序严重违法，导致处理案件出现严重错误，或适用法律存在严重错误的情形，可以按照监督审程序进行重新审理。再审则是指对法院已经发生法律效力的判决、决定，因发现了在该判决、决定作出时所不知道的新事实情节，且可能导致该判决、决定发生变更而进行的重新审理。对生效裁判的再审适用于以下情形：①有根据证明证人证言、鉴定结论、财产评估结论、翻译人员的译词、翻译文件等证据中有重要内容不符合客观事实；②侦查员、检察员、审判员、陪审员因不知道的事实情节而做出错误结论导致法院所作出的判决、决定不符合案件的客观事实；③侦查、起诉、审判活动的物证、笔录，其他诉讼活动笔录，或者案件中的其他证据、材料、物品被造假或不符合事实；④其他情形导致法院已生效的判决、决定不符合案件客观事实。有权提起监督审的人是根据法律所授权的法院院长和检察院检察长；而有权提起再审的则只有法律所授权的检察院检察长。

9. 在立法上采取了诉讼与执行分离的方式

越南对刑事生效裁判的执行进行了专门的立法，越南国会分别于2010年、2019年制定了两部《刑事案件执行法》，其中2019年《刑事案件执行法》为现行有效的法律。因此，越南《刑事诉讼法典》仅对被告被羁押且初审法院决定终止的案件，宣判被告无罪、免除被告刑事责任、免除刑罚，刑罚为非监禁刑或判处缓刑，或徒刑刑期等于或短于羁押时间等必须立即交付执行的判决、决定之执行问题；生效裁判执行决定的权限分工问题；以及需要由法院负责审查的死刑判决执行前的审查程序、有条件假释程序、清除犯罪记录程序进行了规定。其他关于对刑事生效裁判的执行主体、权限分工、执行程序以及对监禁刑、死刑、警告、非监禁改造、禁止居住、管制、驱逐出境、剥夺部分公民权、禁止担任职务、禁止从事一定行业和工作、缓刑等各种刑罚的具体执行问题都是由《刑事案件执行法》予以规定，而越南《刑事诉讼法典》则无相关内容。

10. 规定了多种特别程序

除了刑事诉讼的普通程序之外，越南《刑事诉讼法典》第七部分"特别程序"中还通过七章内容规定了七种特别程序，分别为"未满18岁人员的诉讼程序""追究法人刑事责任的诉讼程序""强制治疗措施适用程序""简易程序""对妨碍刑事诉讼活动行为的处理""刑事诉讼中的申诉与控告""保护告发人、证人、被害人及其他诉讼参加人"。设立"未满18岁人员的诉讼程序"是为了保证诉讼程序友善、符合未满18岁人员的心理、年龄、成长程度和认识能力，保障未满18岁人员的合法权益和最优利益，体现了越南刑事诉讼对未成年人这一特殊主体的程序关怀。设立"追究法人刑事责任的诉讼程序"是因为法人作为犯罪主体参加刑事诉讼相较于自然人犯罪参加刑事诉讼来说具有一定的区别，该部分内容主要是对法人的法定代表人参加诉讼的权利与义务、参与程序，以及对法人被告所采取的强制办法和诉讼行为所作的特别规定。"强制治疗措施适用程序"适用于侦查、起诉、审判、执行阶段有精神病司法鉴定结果确定犯罪嫌疑人、被告人或正在服刑的人患有精神病或其他让其丧失认识能力或控制自己行为能力疾病的特殊情形。"简易程序"是为了简化诉讼程序、提高诉讼效率而设置的诉讼程序，适用对象为有明确的居住地和身份信息的现行犯或自首人员，且属事实简单、证据清晰的轻罪案件，简易程序可适用于复审案件。"对妨碍刑事诉讼活动行为的处理"与强制措施和强制办法不同，其内容主要是对妨碍有权诉讼机关的诉讼活动以及违反法庭秩序的行为所作的行政处罚，处罚的形式以及处罚权限、程序和手续，可依照《行政违法处罚法》和其他有关法律的规定执行。"刑事诉讼中的申诉与控告"这一特别程序规定机关、组织、个人认为有权诉讼机关、有权诉讼工作人员的诉讼决定或行为违法、侵犯了自己合法权益的，有权对该诉讼决定或行为提出申诉；个人认为有权诉讼工作人员的违法行为给国家利益或机关、组织、个人的合法权益造成损害或有损害威胁的，有权向主管机关、人员进行控告。该特别程序对申诉、控告的主管机关、权限分工、程序进行了详细的规定，有利于相关当事人行使申诉、控告权。"保护告发人、证人、被害人及其他诉讼参加人"这一特别程序对保护对象、保护措施、有权决定采用保护措施的主体、决定采取保护措施的程序进行了具体规定。这些特别程序的规定使越南刑事诉讼形成一个结构较为合理、体系较为完整、内容较为全面的程序系统。

三、关于该中译本的几点说明

（一）翻译的必要性和实际意义

越南刑事诉讼法律制度在整体结构与我国有许多相似的地方，但许多具体制度的构建还是与我国有较大的区别，如越南的刑事诉讼法明确规定了"无罪推定"原则、赋予律师在侦查讯问时的在场权以及其他重大侦查行为的在场权、设置检察监督指导侦查的检警关系、区分审判监督程序和再审程序等。这些制度在一个与我国具有相似的社会制度、文化传统及政治经济发展状况的国家存在并运行所产生的经验和教训，无疑能为进一步推进我国刑事诉讼制度改革提供试验田的价值。我国学者对西方发达国家的刑事诉讼法律制度已经有了十分深入的研究，现在也有必要再对一些非发达国家和地区的制度加以关注和研究，以进一步拓展我国比较刑事诉讼法学研究的广度和深度。本书作为越南刑事诉讼法典的全文译著，既能为我国刑事诉讼理论界对越南刑事诉讼制度进行比较研究提供第一手材料；也能为涉越法律实务工作者以及在越企业、单位、个人提供工具书的价值。

（二）翻译的相关术语处理

由于越南语中的法律术语大量使用借汉词，许多越文词汇与汉语词汇相对应，其中有些越文法律术语与中文法律术语表述一致，含义相同，译者对这些词汇采取直接对应翻译的方式。有些越文法律术语的表述与中文法律术语的表述不一致，如"强制措施"在越南刑事诉讼法典中被称为"阻止措施"，"立案"被称为"启诉"，"侦查"被称为"调查"，"起诉"被称为"追诉"等，译者根据中文术语的习惯，大部分采用了中文的习惯用法；但也有部分词汇为了尊重原文表述，保留了越南语的表述方式，如"鉴定意见"仍保留原文中的"鉴定结论"一词，"委托鉴定"仍持原文中的"征求鉴定"一词；"押解"似乎与我国的"拘传"有些相似，但越南《刑事诉讼法典》中"押解"的涵义与我国的"拘传"还是有明显区别，因此保留了原文"押解"的表述。

译者：伍光红

2022.12.26

目　录

Ⅱ. 2021 年越南《修改、补充〈刑事诉讼法典〉部分条款法》

国会

法律编号：101/2015/QH13

越南社会主义共和国

独立－自由－幸福

河内，2015 年 11 月 27 日

刑事诉讼法典

依据越南社会主义共和国宪法

国会颁行本刑事诉讼法典

第一部分 一般规定

第一章 刑事诉讼法典的调整范围、任务和效力

第1条 调整范围

刑事诉讼法典规定刑事诉讼中的接收、处理犯罪信息来源，立案，侦查，起诉，审判和部分刑事执行等事项的程序和手续；并规定有权诉讼机关的任务、权限和相互关系，诉讼机关工作人员的任务、权限与责任，诉讼参加人员及其他相关机关、组织、个人的权利义务，以及刑事国际合作等内容。

第2条 刑事诉讼法典的任务

刑事诉讼法典的任务是确保准确发现并公正、及时处理各犯罪行为，预防和阻止犯罪，不放纵犯罪，不冤枉无辜；努力维护公理，保护人权、公民权，保卫社会主义制度，保护国家利益，保护组织和个人的合法权益，教育人们树立遵守法律、预防和打击犯罪的意识。

第3条 刑事诉讼法律的效力

1. 刑事诉讼法典对越南社会主义共和国领土上的所有刑事诉讼活动都具有效力。

2. 对于外国人在越南社会主义共和国领土上犯罪所进行的诉讼活动依据越南社会主义共和国作为成员国的国际条约规定

或者依据对等原则进行。

如果外国人根据越南法律或越南社会主义共和国作为成员国的条约、国际惯例享有外交或领事豁免权，则遵循此类国际条约或惯例的规定；如果此类国际条约没有规定或没有国际惯例，则应通过外交途径解决。

第4条　术语解释

1. 在本法典中，相关术语解释如下：

（1）有权诉讼机关包括诉讼专门机关和获授权进行部分侦查活动的机关。

（2）有权诉讼工作人员包括诉讼机关工作人员和获授权进行部分侦查活动的人员。

（3）诉讼参加人员是指根据本法典规定参与诉讼活动的个人、机关、组织。

（4）犯罪信息来源包括对犯罪的告发、报案，机关、组织和个人的立案建议，犯罪者自首供述以及有权诉讼机关的直接发现。

（5）被控罪者包括被逮捕者、被暂时拘押者、犯罪嫌疑人和被告人。

（6）诉讼参加人员、有权诉讼工作人员的亲戚是指与诉讼参加人员、有权诉讼工作人员有以下关系的人：妻子、丈夫、生父、生母、公公、婆婆、岳父、岳母、养父、养母、亲生子女、养子女、祖父、祖母、外祖父、外祖母、亲兄弟姐妹、曾祖父母、外曾祖父母、伯父、叔父、舅父、姑、姨、孙子女。

（7）当事人包括民事原告、民事被告以及与刑事案件权利义务关系的人员。

（8）自首是犯罪者在被发现之前自愿向机关、组织供述自己的犯罪行为。

（9）投案是犯罪者被发现之后即主动到有关机关并供述自己的犯罪行为。

（10）押解是指有权机关强制将紧急情况被拘留者、被逮捕者、被暂时拘押者、犯罪嫌疑人、被告人押送到侦查、起诉或审判地点。

（11）引解是指有权机关强制证人、被告发者或被建议立案者到侦查、起诉或审判地点，也可适用于被害人拒绝鉴定的情形。

（12）名牌是指由有权机关制作留存的记录犯罪嫌疑人履历、相貌、三个身体姿势的照片、两个食指的指纹等简要信息的牌。

（13）指牌是指由有权机关制作留存的记录犯罪嫌疑人履历和所有手指的指纹等简要信息的牌。

（14）严重违反诉讼程序是指有权诉讼机关及人员在立案、侦查、起诉、审判过程中不执行或者不充分、不正确执行本法典所规定的程序，且严重侵害到诉讼参加人员的合法权益，或对客观、全面确定案件事实产生影响。

2. 在本法典中，以下词语简称为：

（1）各县、郡、县级镇、省辖市、直辖市所辖市的侦查机关被简称为县级侦查机关。

（2）省、直辖市侦查机关简称为省级侦查机关。

（3）军区与相同等级的军事侦查机关简称为军区级军事侦查机关。

（4）各县、郡、县级镇、省辖市、直辖市所辖市的人民检察院简称为县级人民检察院。

（5）省、直辖市人民检察院简称为省级人民检察院。

（6）军区与相同等级的军事检察院简称为军区级军事检察院。

（7）各县、郡、县级镇、省辖市、直辖市所辖市的人民法院简称为县级人民法院。

（8）省、直辖市人民法院简称为省级人民法院。

（9）军区与相同等级的军事法院简称为军区级军事法院。

第5条　国家机关、组织和个人在预防、打击犯罪中的责任

1. 在自己的责任范围内，国家机关要适用各种预防犯罪措施，配合有权诉讼机关预防、打击犯罪。

国家机关要经常检查、清查所交付其执行的任务和职能；及时发现本机关管理领域中的所有违法行为，并将所有构成犯罪的行为立即通报侦查机关、检察院；建议并移送相关材料给侦查机关、检察院，以便对犯罪行为人进行侦查、立案。

国家机关的首长须对本机关及其管理领域内所发生的犯罪行为不向侦查机关、检察院通报，或者提供不正确信息的情形负责。

2. 针对犯罪行为，组织和个人有权利和义务发现、告发和报案；参加预防、打击犯罪的斗争。

3. 有权诉讼机关有责任为国家机关、组织和个人参与预防、打击犯罪斗争提供便利条件。

4. 国家机关、组织和个人有责任执行相关要求并向有权诉讼机关和人员执行任务提供便利条件。

5. 国家清查、审计机关有责任配合有权诉讼机关及时发现、处理犯罪。当发现犯罪行为的迹象时须立即向侦查机关、检察

院移送所有相关材料与物品，建议其进行刑事侦查和立案。

6. 严禁任何妨碍有权诉讼机关、人员执行任务的行为。

第6条 发现并克服犯罪的原因和条件

1. 刑事诉讼过程中，有权诉讼机关有责任查清犯罪的原因和条件，要求或建议有关机关、组织适用克服和防范措施。

2. 有关机关、组织必须执行有权诉讼机关、人员的要求和建议。收到要求和建议15天之内，有关机关、组织要通过书面文件向有权诉讼机关回复执行情况。

第二章 基本原则

第7条 刑事诉讼要保障社会主义法制原则

所有刑事诉讼活动必须要遵循本法典规定。不得适用本法典规定之外的手续和程序处理犯罪信息来源、立案、侦查、起诉和判决。

第8条 尊重和保护人权及个人合法权益

诉讼过程中，有权诉讼机关、人员在自己的任务和权限内须尊重和保护人权、个人合法权益，经常检查所适用措施的合法性和必要性，若发现此措施违法或者不需要时要及时撤销或变更。

第9条 保障法律面前的平等权

刑事诉讼须遵循法律面前人人平等原则，不区分民族、性别、信仰、宗教、社会成分与地位。无论任何人犯罪都按照法律规定处理。

所有法人在法律面前都平等，不区分所有制形式和经济成分。

第 10 条 保障人身不可侵犯的权利

任何人都有人身不可侵犯的权利。如果没有法院的决定或检察院的决定、批准，任何人都不能被逮捕，但现行犯除外。

对人适用紧急情况下的拘留以及逮捕、拘押、羁押须按照本法典规定进行。严禁使用刑讯逼供、肉刑或任何其他形式侵犯个人的人身、生命和健康。

第 11 条 保护个人的生命、健康、名誉、尊严、财产以及法人的名誉、威信和财产

人人都有权利获得法律保护个人的生命、健康、名誉、尊严和财产。所有侵犯个人的生命、健康、名誉、尊严、财产以及法人的名誉、威信和财产的行为，都要依法处理。

越南公民不得被驱逐出境或移交其他国家。

第 12 条 保障个人住宅、私人生活、个人秘密、家庭秘密以及通信、电话、电信的安全和秘密不可侵犯的权利

任何人不得非法侵犯个人住宅、私人生活、个人秘密、家庭秘密以及通信、电话、电信的安全和秘密或其他形式的私人信息交流。

搜查住宅，搜查、暂扣和扣押通信、电话、电信、电子资料以及其他通信交流形式等要按照本法典规定进行。

第 13 条 无罪推定

在经过本法典规定的程序和手续证明且由法院的生效判决确定其有罪之前，被控罪者被视为无罪。

如果根据本法典程序、手续不能查清事实或无足够证据进行控罪、定罪时，有权诉讼机关、人员必须要对被控罪者做出无罪的结论。

第 14 条　任何人不得因同一犯罪行为被两次处理

不得对法院生效判决已经处理的行为进行立案、侦查、起诉、审判，除非其实施了刑事法律规定为犯罪的其他危险行为。

第 15 条　确定案件事实

证明犯罪的责任属于有权诉讼机关。被控罪者有权但不被强迫证明自己无罪。

在自己的任务和权限范围内，有权诉讼机关须适用各种合法措施以客观、全面、充分地确定案件事实，弄清被控罪者的有罪无罪证据与从重从轻情节。

第 16 条　保障被控罪者的辩护权，保护被害人和当事人的合法权益

被控罪者有权利自我辩护，聘请律师或其他人辩护。

有权诉讼机关和人员有责任向被控罪者、被害人和当事人告知、解释并保障其充分实现本法典规定的辩护权、合法权益。

第 17 条　有权诉讼机关和人员的责任

在诉讼过程中有权诉讼机关和人员必须严格遵守本法典的规定并对自己的行为、决定承担责任。

违法进行紧急情况下的拘留、逮捕、拘押、羁押、立案、侦查、起诉、审判、执行的，则按照违法行为的性质、程度对其进行纪律处理或按照法律规定追究刑事责任。

第 18 条　刑事立案和处理刑事案件的责任

当发现有犯罪迹象的行为时，有权诉讼机关在自己的权限和任务范围内有责任立案，适用本法典规定的各种措施查清犯罪并处理犯罪的个人和法人。

不得以本法典规定之外的依据、程序、手续立案。

第 19 条 侦查活动要遵守法律

侦查机关、获授权进行部分侦查活动的机关在进行侦查过程中必须遵守本法典规定。

所有侦查活动必须尊重事实，要客观、全面、充分；尽快并准确发现犯罪行为，弄清被控罪者的有罪无罪证据与从重从轻情节，以及犯罪原因、犯罪条件和对案件处理有意义的其他情节。

第 20 条 在刑事诉讼中依法行使公诉权和检察权的责任

检察院在刑事诉讼中依法行使公诉权和检察权，做出控罪和法律监督决定，以保证及时、严格地发现和处理所有犯罪行为、犯罪的个人和法人、违法行为，保证立案、侦查、起诉、审判和执行所适用的对象、罪名、法律都正确，既不放纵犯罪行为和犯罪的个人、法人，也不冤枉无辜。

第 21 条 保证有权诉讼工作人员、诉讼参加人员不偏不倚

如果有理由表明有权诉讼工作人员、翻译人员、编译人员、鉴定人员、财产评估人员、见证人在实施任务过程不能做到公正无私的，就不能参加诉讼。

第 22 条 实行陪审员参与审判制度

法院的初审有陪审员参与，但按照本法典规定适用简易程序的除外。

第 23 条 审判员和陪审员独立进行审判并只遵循法律

审判员和陪审员独立进行审判并只遵循法律，严禁机关、组织、个人干涉审判员和陪审员的审判工作。

机关、组织、个人不管以任何形式干涉审判员和陪审员审判工作，都要按照其违反的性质和程度进行纪律处分、行政处

罚或按照法律规定追究刑事责任。

第24条　法院集体审判

法院集体审判并按多数意见作出决定，但按照本法典规定适用简易程序的除外。

第25条　法院及时、公平、公开审判

法院要在法定期限内及时审判，保障公平。

法院审判要公开，除本法典规定情形外，所有人都有权参加庭审的旁听。在特殊情况下，如须保护国家秘密、民族的良风美俗、18岁以下的人或当事人有正当要求的私人秘密等，法院可不公开审判，但宣判必须公开。

第26条　保障审判过程中的争讼

在立案、侦查、起诉、审判过程中，侦查员、检察员和其他有权诉讼工作人员、被控罪者、辩护人及其他诉讼参加人员都有平等的权利提出证据、评价证据、提出要求以查清案件的客观事实。

检察院移送给法院进行审判的案件资料、证据必须充分、合法。刑事案件开庭本法典规定的人员必须全部到庭，若不到庭的须有本法典规定的不可抗力、客观障碍或其他情形的理由。法院有责任为检察员、被告人、辩护人、其他诉讼参加人员充分实现自己的权利和义务，并在法庭上民主、平等争讼提供便利条件。

每一个有罪、无罪证据，从重、从轻情节，确定被告罪名、决定刑罚、损害赔偿额度所适用刑法的条、款、项，处理证物和其他对案件有影响的情节，都必须在法庭上陈述、辩论并查清。

法院的判决、决定必须根据证据的审查、评价结果和庭上争讼结果做出。

第 27 条　保障初审、复审制度

1. 初审、复审制度受保障

法院初审的判决、决定可按本法典规定被上诉、抗诉。法院初审判决、决定在本法典规定的期间内未被上诉、抗诉即发生法律效力。

法院初审判决、决定被上诉、抗诉，案件就须进行复审。法院的复审判决、决定当即发生法律效力。

2. 法院已生效判决、决定如果存在严重的违法行为或本法典规定的新情节，则须按照监督审或再审程序重新审判。

第 28 条　保障法院判决、决定的效力

1. 法院已生效判决、决定必须受到机关、组织和个人的尊重。相关机关、组织和个人要严格执行。

2. 在自己的任务、权限和义务范围内，机关、组织和个人有责任配合、提供便利条件并按照负责执行法院判决、决定的机关、组织和个人的要求实施。

第 29 条　刑事诉讼中的语言文字

刑事诉讼中的语言文字为越南语。诉讼参加人员有权使用自己的民族语言，该情形必须有翻译人员。

第 30 条　解决刑事案件中的民事问题

解决刑事案件中的民事问题与解决刑事案件同时进行。当刑事案件有必须要解决的损害赔偿问题但却没达到证明条件，并且赔偿事宜不影响到刑事案件处理，则可以将民事问题分离出来按照民事诉讼程序处理。

第 31 条　保障刑事诉讼中受损害者获得赔偿的权利

1. 被非法、冤枉适用紧急情况下的拘留、逮捕、拘押、羁押、立案、侦查、起诉、审判、执行的人有权获得物质和精神损失赔偿并恢复名誉。

国家有责任对由有权诉讼机关、人员非法、冤枉适用紧急情况下的拘留、逮捕、拘押、羁押、立案、侦查、起诉、审判、执行的人所造成的损失予以赔偿并恢复其名誉和权利。

2. 其他人被有权诉讼机关、人员造成损害的，有权获得国家赔偿。

第 32 条　保障刑事诉讼中的申诉和控告权

个人、机关和组织有权申诉或控告刑事过程中违法的有权诉讼机关、人员或者属于该机关的任何人。

有权机关、人员必须接受、审查并及时依法处理申诉、控告；向提出申诉、控告的个人、机关、组织送达处理结果并提出处理措施。

处理申诉、控告的程序、手续和权限由本法典规定。

严禁对申诉、控告人进行报复，或利用申诉和控告权诬告他人。

第 33 条　刑事诉讼中的检查、监督

1. 有权诉讼机关和人员要经常检查属于权限范围内的诉讼活动；对各机关之间接收处理犯罪信息来源、立案、侦查、起诉、审判、执行的活动进行监督。

2. 国家机关、越南祖国阵线委员会及其成员组织和民选代表有权监督有权诉讼机关和人员的活动；监督有权诉讼机关和人员的申诉、控告处理事项。

如果发现有权诉讼机关和人员的违法行为，国家机关、越南祖国阵线委员会及其成员组织和民选代表有权建议诉讼机关依本法典审查和处理。有权诉讼机关必须依法审查、处理并对其建议和要求进行回复。

第三章 有权诉讼机关和人员

第34条 有权诉讼机关和有权诉讼工作人员

1. 有权诉讼机关包括：

（1）侦查机关；

（2）检察院；

（3）法院。

2. 有权诉讼工作人员包括：

（1）侦查机关的首长、副首长，侦查员，侦查干部；

（2）检察院的检察长、副检察长，检察员，检查员；

（3）法院院长、副院长，审判员，陪审员，书记员，审查员。

第35条 获授权进行部分侦查活动的机关和人员

1. 获授权进行部分侦查活动的机关包括：

（1）边防部队各机关；

（2）海关各机关；

（3）林检各机关；

（4）海警各机关；

（5）渔检各机关；

（6）被授权进行部分侦查活动的人民公安其他机关；

（7）被授权进行部分侦查活动的人民军队其他机关。

本款规定的获授权进行部分侦查活动机关的具体情况由《刑事侦查机关组织法》规定。

2. 获授权进行部分侦查活动的人员包括：

（1）边防部队机关获授权进行部分侦查活动的人员包括边防侦查局局长、副局长；反毒品和犯罪局局长、副局长；反毒品和犯罪特任团团长、副团长；省、直辖市边防部队的指挥长和副指挥长；边防队队长、副队长；港口、口岸边防的指挥长、副指挥长；

（2）海关机关获授权进行部分侦查活动的人员包括缉私侦查局局长、副局长；通关后检查局局长、副局长；省、直辖市、跨省市海关局局长、副局长；口岸海关分局局长、副局长；

（3）林检机关获授权进行部分侦查活动的人员包括林检局局长、副局长；林检分局局长、副局长；林检站站长、副站长；

（4）海警机关获授权进行部分侦查活动的人员包括海警司令、副司令；海警区域司令、副司令；业务和法律局局长、副局长；反毒品和犯罪特任团团长、副团长；海团团长、副团长；海队队长、副队长；海警业务队队长、副队长；

（5）渔检机关获授权进行部分侦查活动的人员包括渔检局局长、副局长；渔检分局局长、副局长；

（6）人民公安其他机关获授权进行部分侦查活动的人员包括消防警察首长、副首长；《刑事侦查机关组织法》规定的人民公安机关获授权进行侦查活动的局长、副局长、处长、副处长、监狱长、副监狱长；

（7）人民军队其他机关被授权进行部分侦查活动的人员包括监狱长、副监狱长；中团与相当于中团级机关的独立单位首长。

（8）本条第 1 款所规定的机关的侦查干部。

第 36 条 侦查机关首长、副首长的任务、权限与责任

1. 侦查机关首长、副首长的任务、权限与责任：

（1）直接组织和指挥侦查机关的受理、处理犯罪信息来源，立案，侦查等事项；

（2）对侦查机关副首长作出分工或回避决定，受理、解决犯罪信息来源，对侦查机关副首长的刑事立案、侦查活动进行检查；决定变更或撤销侦查机关副首长无根据和违法的决定；

（3）对侦查员、侦查干部作出分工或回避决定；对侦查员、侦查干部刑事案件中的受理、解决犯罪信息来源、立案、侦查活动进行检查；决定变更或撤销侦查员无根据和违法的决定；

（4）处理属于侦查机关权限内的申诉、控告。

侦查机关首长不在时，授权给一个侦查机关副首长行使首长的任务和权限，副首长要对其被授权的任务负责。

2. 在进行刑事诉讼时，侦查机关首长有以下任务和权限：

（1）决定暂停对控告、报案及立案建议的处理；决定立案，决定不立案，补充或者修改对刑事案件的立案决定；决定对犯罪嫌疑人立案或补充、修改对犯罪嫌疑人的立案决定；决定案件的合并或分解；决定委托侦查；

（2）依据本法典决定适用、变更、撤销强制措施、强制办法以及特殊的侦查措施；

（3）决定通缉、停止通缉犯罪嫌疑人，搜查、扣押、保管和处理物证；

（4）决定征求鉴定、补充鉴定或重新鉴定，尸体检验，侦查实验，更换或要求鉴定人员回避。要求价值评估及重新评估，

要求财产评估人员回避；

（5）自行检查、确认犯罪信息来源并适用各种侦查措施；

（6）做出案件侦查结论；

（7）决定中止侦查、终止侦查，恢复对案件、犯罪嫌疑人的侦查；

（8）做出其他属于侦查机关权限内的命令、决定和诉讼活动。

3. 被分派进行刑事案件的立案和侦查工作时，侦查机关的副首长具有本条第 1、2 款的任务和权限，但本条第 1 款第（2）项所规定的权限除外。侦查机关副首长不能处理针对自己的决定、行为所提起的申诉、控告。

4. 侦查机关的首长、副首长对自己的行为、决定承担法律责任。侦查机关的首长、副首长不得授权给侦查员实施自己的任务和权限。

第 37 条 侦查员的任务、权限和责任

1. 被分派进行刑事立案、侦查工作的侦查员具有以下任务和权限：

（1）直接检查、确认犯罪信息来源并建立处理犯罪信息来源的案卷材料；

（2）建立刑事案件卷宗；

（3）要求或建议推举、更换辩护人；要求推举、更换翻译人员、编译人员；

（4）传唤并讯问犯罪嫌疑人；召集并询问告发人、报案人、被告发人、立案建议人、法人的法定代理人；讯问紧急情况下被拘留及被逮捕、拘押的人；召集并询问证人、被害人及当

事人；

（5）决定押解紧急情况下被拘留的人，被逮捕、拘押的人，犯罪嫌疑人；决定引解证人、被告发人、被建议立案人、被害人；决定将 18 岁以下的人交接给有关组织、机关、个人监督；决定更换对 18 岁以下犯罪者的监督人；

（6）执行紧急情况拘留令以及逮捕、拘押、羁押、搜查、扣押、暂扣、查封财产、冻结账户和处理物证的命令或决定；

（7）进行现场勘验、尸体解剖、尸体勘验、身体检查、对质、辨认、侦查实验；

（8）按照本法典规定执行侦查机关首长分派的其他属于侦查机关权限范围内的诉讼任务与权限。

2. 侦查员要对自己的行为、决定向法律和侦查机关首长、副首长负责。

第 38 条　侦查机关侦查干部的任务、权限和责任

1. 侦查干部根据侦查员的工作分派具有以下的任务、权限和责任：

（1）在侦查员进行检查、确认罪犯来源信息和侦查刑事案件时，侦查干部做询问、讯问笔录和其他文书笔录；

（2）依据本法典送达、转送、寄送令状、决定书和其他文件；

（3）协助侦查员建立处理犯罪信息来源的案卷材料、案件卷宗以及进行其他诉讼活动。

2. 侦查干部要对自己的行为、决定向法律和侦查机关首长、副首长、侦查员负责。

第 39 条　获授权进行部分侦查活动的边防部队、海关、林

检、海警、渔检等机关首长、副首长、侦查干部的任务、权限和责任

1. 本法典第 35 条第 2 款第（1）、（2）、（3）、（4）、（5）项所规定的获授权进行部分侦查活动的机关首长有以下的任务和权限：

（1）依职权直接指导犯罪信息来源受理及处理、刑事案件的立案和侦查等活动；

（2）决定分派或更换副首长、侦查干部负责犯罪信息来源受理及处理、刑事案件的立案和侦查工作；

（3）检查副首长、侦查干部对犯罪信息来源受理及处理、刑事案件的立案和侦查工作；

（4）决定变更或撤销副首长和侦查干部无根据或违法的决定；

（5）决定将 18 岁以下的被控罪者交给其代理人监督。

当首长不在时，授权给一个副首长行使首长的任务和权限，副首长要对其被授权的任务负责。首长、副首长不得将自己的任务和权限委托给侦查干部行使。

2. 办理属于现行犯、证据和犯罪者履历清晰的轻罪案件时，本法典第 35 条第 2 款第（1）、（2）、（3）、（4）、（5）项所规定的相关人员具有以下任务和权限：

（1）从相关人员处收集证据、材料和物品以检查、确认犯罪信息来源；

（2）决定暂停对控告、报案及立案建议的处理；决定立案，决定不立案，补充或者修改对刑事案件的立案决定；决定对犯罪嫌疑人立案或补充、修改对犯罪嫌疑人的立案决定；

（3）直接组织、指导现场勘验；

（4）决定征求鉴定，决定财产价值评估，决定搜查、扣押、暂扣及保管与案件直接相关的物证、材料；

（5）传唤并讯问犯罪嫌疑人；召集并询问被害人、当事人；召集并询问告发人、报案人、被告发人、立案建议人；召集并询问证人；讯问紧急情况下被拘留的人；

（6）依据本法典规定决定适用强制措施和强制行为；

（7）作出侦查结论建议起诉或决定终止侦查；决定暂停侦查；决定恢复侦查。

3. 对严重、非常严重、特别严重犯罪或虽属轻罪但情节复杂的犯罪进行刑事诉讼时，本法典第 35 条第 2 款第（1）、（2）、（3）、（4）、（5）项所规定的相关人员具有以下任务和权限：

（1）从相关人员处收集证据、材料和物品以检查、确认犯罪信息来源；

（2）决定暂停对控告、报案及立案建议的处理；决定立案，决定不立案，补充或者修改对刑事案件的立案决定；

（3）决定搜查、扣押、暂扣及保管与案件直接相关的物证、材料；

（4）召集并询问证人、被害人、当事人。

4. 侦查干部的任务和权限：

（1）建立处理犯罪信息来源的案卷材料；询问相关人员以检查、确认犯罪信息来源；

（2）建立刑事案件卷宗；

（3）讯问犯罪嫌疑人；询问或讯问告发人、报案人、被告发人、被建议立案人、紧急情况下被拘留的人、被逮捕人、被拘押人、证人、被害人、当事人；

（4）进行现场勘验；执行搜查、扣押、暂扣、保管与案件直接相关的证物和材料之命令。

5. 在自己的责任范围内，获授权进行部分侦查活动的边防部队、海关、林检、海警、渔检等机关机关的首长、副首长对自己的行为、决定承担法律责任。首长、副首长不得授权给侦查干部实施自己的任务和权限。

第40条 获授权进行部分侦查活动的其他人民公安、人民军队机关首长、副首长、侦查干部的任务、权限和责任

1. 本法典第35条第2款第（6）、（7）项所规定获授权进行部分侦查活动的机关首长有以下任务和权限：

（1）依职权直接指挥刑事案件立案和侦查；

（2）决定分派或更换副首长、侦查干部进行刑事案件立案和侦查；

（3）检查副首长、侦查干部对犯罪信息来源受理及处理、刑事案件的立案和侦查工作；

（4）决定变更或撤销副首长和侦查干部无根据或违法的决定。

当首长不在时，授权给一个副首长行使首长的任务和权限，副首长要向首长对其被授权的任务负责。

2. 在进行刑事诉讼时，本法典第35条第2款第（6）、（7）项所规定的人员具有以下的任务和权限：

（1）从相关人员处收集证据、材料和物品以检查、确认犯罪信息来源；

（2）决定暂停对控告、报案及立案建议的处理；决定立案，决定不立案，补充或者修改对刑事案件的立案决定；

（3）直接组织、指挥现场勘验；

（4）决定搜查、扣押、暂扣及保管与案件直接相关的物证、材料；

（5）召集并询问告发人、报案人、被告发人、被建议立案人、证人、被害人、当事人。

3. 侦查干部的任务和权限：

（1）建立处理犯罪信息来源的案卷材料；询问相关人员以检查、确认犯罪信息来源；

（2）建立刑事案件卷宗；

（3）询问告发人、报案人、被告发人、被建议立案人、证人、被害人、当事人；

（4）进行现场勘验；执行搜查、扣押、暂扣、保管与案件直接相关的证物和材料之命令；

（5）依据本法典送达、寄送令状、决定书和其他文件。

4. 在自己的责任范围内，获授权进行部分侦查活动的其他人民公安、人民军队机关首长、副首长对自己的行为、决定承担法律责任。首长、副首长不得授权给侦查干部实施自己的任务和权限。

第 41 条　检察长、副检察长的任务、权限与责任

1. 检察长具有以下的任务和权限：

（1）依据刑事诉讼法律直接组织、指挥公诉权、检察权的行使；

（2）对副检察长作出分工或回避决定，对副检察长根据法律行使刑事诉讼中的公诉权和检察权活动进行检查；决定变更

或撤销副检察长无根据和违法的决定；

（3）对检察员、检查员作出分工或回避决定；对检察员、检查员根据法律行使刑事诉讼中的公诉权和检察权活动进行检查；决定变更或撤销检察员无根据和违法的决定；

（4）决定撤回、终止或撤销下级检察院无根据和违法的决定；

（5）处理属于检察院权限内的申诉、控告。

当检察长不在时，授权给一个副检察长行使检察长的任务和权限，副检察长要向检察长对其被授权的任务负责。

2. 在行使刑事诉讼中的公诉权和检察权时，检察长具有以下的权限和任务：

（1）要求侦查机关、获授权进行部分侦查活动的机关接收并处理犯罪信息来源、刑事案件立案或更正、补充刑事立案决定、对犯罪嫌疑人立案；依据本法典规定自行决定立案、不立案，变更、补充刑事案件的立案决定及对犯罪嫌疑人立案决定；

（2）决定暂停对犯罪信息来源的处理；决定立案，决定不立案，补充或者修改对刑事案件的立案决定；决定对犯罪嫌疑人立案或补充、修改对犯罪嫌疑人的立案决定；决定案件合并或分解；

（3）决定适用、变更、撤销强制措施、强制办法以及特殊的侦查措施；决定检查和确认犯罪信息来源期限延长，侦查期限延长，羁押期限延长，审查起诉期限延长；

（4）决定搜查、扣押、暂扣和处理物证；

（5）决定征求鉴定、补充鉴定或重新鉴定，进行侦查实验，更换或要求鉴定人员回避。要求对财产进行价值评估及重新评估，要求财产评估人员回避；

（6）要求侦查机关首长、获授权进行部分侦查活动的机关首长更换侦查员、侦查干部；

（7）批准或不批准侦查机关和获授权进行部分侦查活动机关的决定和命令；

（8）决定撤销侦查机关和获授权进行部分侦查活动机关无根据和违法的决定和命令；

（9）解决犯罪信息来源的处理、立案、侦查等管辖权纠纷；决定案件移送管辖；

（10）决定适用或终止强制治疗措施；

（11）决定适用简易程序或者撤销适用简易程序的决定；

（12）决定起诉犯罪嫌疑人、退回补充侦查或重新侦查；

（13）要求恢复侦查；决定对案件的中止或终止，以及对犯罪嫌疑人的中止或终止；决定撤销中止处理犯罪信息来源的决定；决定恢复对案件侦查、恢复对犯罪嫌疑人侦查、恢复案件、恢复对犯罪嫌疑人的立案；

（14）依据本法典规定的复审、监督审、再审程序对法院判决和决定提起抗诉；

（15）依据法律规定行使建议权；

（16）发布属于检察院权限的决定和命令并进行其他诉讼活动。

3. 在被分派依据刑事诉讼法行使公诉权和检察权时，副检察长具有本条第 1、2 款规定的任务和权限，但本条第 1 款第（2）项除外。副检察长不得处理针对自己作出的决定、行为的申诉、控告。

4. 检察长和副检察长对自己行为和决定承担法律责任。检察长和副检察长不能委托检察员实现自己的任务和权限。

第42条　检察员的任务、权限和责任

1. 在被分派依据刑事诉讼法行使公诉权和检察权时，检察员具有以下的任务和权限：

（1）检察有管辖权机关和个人对犯罪信息来源的接受和处理工作；

（2）直接处理并建立处理犯罪信息来源的案卷；

（3）检察犯罪信息来源的处理、解决，立案，以及适用强制措施与强制行为等事项；检察犯罪信息来源的案卷建立事项以及有侦查权的机关和个人的卷宗建立工作；检察侦查机关和被授权进行部分侦查活动机关的立案、侦查活动；

（4）直接对现场勘验、尸体检验、对质、辨认、口音辨别、侦查实验、搜查等工作进行检察；

（5）对犯罪信息处理的暂停和恢复以及侦查中止、终止侦查、恢复侦查和侦查终结等事项进行检察；

（6）提出侦查要求；要求侦查机关通缉、停止通缉犯罪嫌疑人；

（7）传唤并讯问犯罪嫌疑人；召集并询问告发人、报案人、被告发人、被建议立案人、法人的法定代理人、证人、被害人及当事人；讯问紧急情况下被拘留的人；

（8）决定押解被逮捕的人、犯罪嫌疑人；决定引解证人、被告发人、被建议立案人、被害人；决定将18岁以下的人交接给有监督责任的机关、组织和个人；决定更换对18岁以下犯罪者的监督人；

（9）按照本法典规定直接进行一些侦查活动；

（10）要求更换有权诉讼工作人员；要求或建议提供、更换辩护人；要求推荐、提议更换翻译人员、编译人员；

（11）参加庭审活动；宣读起诉书或者按照简易程序作出的起诉决定，以及关于检察院对被告人控罪的其他各项决定；在庭审或听证会上进行讯问，提供证据、材料及物品，做有罪论证，辩论，并对案件处理发表意见；

（12）检察审判阶段法院和诉讼参加人员遵守法律情况；检察法院的判决书、决定书与其他诉讼文书；

（13）检察法院判决书和决定书的执行；

（14）按照法律规定行使要求、建议权；

（15）实施检察长依本法典规定分派的其他任务和诉讼权限。

2. 检察员就自己的行为和决定对法律和检察长、副检察长负责。

第 43 条　检查员的任务、权限和责任

1. 检查员根据检察员的分派具有以下的任务和权限：

（1）做询问笔录、讯问笔录及刑事诉讼中的其他笔录；

（2）依据本法典送达、转交、寄送命令、决定书和其他诉讼文书；

（3）协助检察员建立检察卷宗、犯罪信息来源处理卷宗及进行其他诉讼活动。

2. 检查员就自己的行为对法律和检察长、副检察长、检察员负责。

第 44 条　法院院长、副院长的任务、权限和责任

1. 法院院长具有以下的任务和权限：

（1）直接组织刑事案件审判；决定审判管辖权争议；

25

（2）决定分派法院副院长、审判员和陪审员解决和审判刑事案件；决定分派刑事案件审判工作的书记员；决定分派刑事案件卷宗审查员；

（3）决定开庭前审判员、陪审员、书记员的回避；

（4）作出刑事案件执行决定；

（5）决定暂缓执行徒刑；

（6）决定暂停执行徒刑；

（7）决定删除犯罪案籍；

（8）解决属于法院权限范围内的申诉、控告。

法院院长不在时，委托一个副院长行使院长的任务和权限。副院长对院长就被委托的任务负责。

2. 在处理刑事案件过程中，法院院长具有以下的任务和权限：

（1）决定适用、变更或者撤销羁押、物证处理措施；

（2）决定适用或停止强制治疗措施；

（3）决定适用或者撤销适用简易程序；

（4）按照监督审程序对法院已发生法律效力的判决书和决定书进行建议、抗诉；

（5）决定并进行属于法院权限的其他诉讼活动；

（6）按照本法典规定进行其他诉讼行为。

3. 法院副院长被分派处理、审判刑事案件时，其任务和权限适用本条的第1、2款，但本条第1款第（2）项除外。法院副院长不得处理针对自己的行为、决定所提出的申诉、控告。

4. 法院院长和副院长就自己的行为和决定对法律负责。法院院长和副院长不得委托审判员实施自己的任务和权限。

第 45 条 审判员的任务、权限和责任

1. 审判员在被分派处理、审判刑事案件时，具有以下的任务和权限：

（1）开庭前研究案件卷宗；

（2）进行案件审判；

（3）进行诉讼活动并对属于合议庭权限范围内的问题进行表决；

（4）按照法院院长的分派进行属于法院权限内的其他诉讼活动。

2. 审判长除本条第 1 款所规定的任务和权限外，还有：

（1）决定适用、变更、撤销除羁押措施之外的强制措施、强制行为；

（2）决定退回补充侦查；

（3）决定将案件提交审判；决定终止审理或中止审理；

（4）主持法庭审理和辩论；

（5）决定征求鉴定、补充鉴定或重新鉴定及侦查实验；更换或要求更换鉴定人；要求对财产进行价值评估，要求更换财产评估人员。

（6）要求或建议提供、更换辩护人；更换对 18 岁以下犯罪者的监督人；要求或建议提供、更换翻译人员、编译人员；

（7）决定传唤需要接受审问的人到庭；

（8）实施法院院长依本法典规定分派的属于法院权限的其他任务和诉讼权限。

3. 审判员就自己的行为和决定对法律负责。

第 46 条　陪审员的任务、权限和责任

1. 陪审员被分派审理刑事案件时具有以下的任务和权限：

（1）开庭前研究案件卷宗；

（2）进行案件审判；

（3）进行诉讼活动并对属于合议庭权限范围内的问题进行表决。

2. 陪审员就自己的行为和决定对法律负责。

第 47 条　法院书记员的任务、权限和责任

1. 法院书记员被分派进行刑事诉讼时，具有以下的任务和权限：

（1）检查被法院传唤、通知的人是否到庭；若有人缺席则需列明原因；

（2）宣读庭审纪律规定；

（3）向合议庭报告被传唤、通知人员到庭和缺席名单；

（4）做庭审笔录；

（5）按照法院院长的分派进行属于法院权限内的其他诉讼活动。

2. 法院书记员就自己的行为对法律和法院院长负责。

第 48 条　审查员的任务、权限和责任

1. 审查员被分派进行刑事诉讼活动时，具有以下的任务和权限：

（1）按照法院院长和副院长的分派，对法院判决、决定已发生法律效力的案件卷宗进行审查；

（2）作出审查结论并向法院院长和副院长报告审查结果；

（3）审查员按照法院院长或副院长的分派协助法院院长实

施属于法院权限内的案件执行工作和其他任务。

2. 审查员就自己的行为对法律和法院院长、副院长负责。

第 49 条　需要有权诉讼工作人员回避的情形

有权诉讼工作人员具有下列情形之一的，需要自行回避或被要求回避：

1. 本人是被害人、当事人；是被害人、当事人或犯罪嫌疑人、被告人的法定代理人、亲属；

2. 已经以辩护人、证人、鉴定人、财产评估人、翻译人员或编译人员的身份参与本案；

3. 具有其他明确的理由认为其在承担任务时不能公正无私。

第 50 条　有权要求有权诉讼工作人员回避的人

1. 检察员；

2. 被拘留人、犯罪嫌疑人、被告人、被害人、民事原告、民事被告及其法定代理人；

3. 辩护人及被害人、民事原告、民事被告的合法权益保护人。

第 51 条　侦查员、侦查干部的回避

1. 如果侦查员、侦查干部有以下情形之一的，需自行回避或被要求回避：

（1）本法典第 49 条所规定的情形；

（2）已经以检察员、检查员、审判员、陪审员或者法院检查员、书记员的身份参加此案件诉讼工作。

2. 侦查员、侦查干部的回避由侦查机关的首长、副首长来决定。

侦查机关的首长具有本条第 1 款规定的情形需要回避的，

案件由上级侦查机关直接进行侦查。

第 52 条　检察员、检查员的回避

1. 检察员、检查员有以下情形之一的，需自行回避或被要求回避：

（1）本法典第 49 条所规定的情形；

（2）已经以侦查员、侦查干部、审判员、陪审员或者法院检查员、书记员的身份参加此案件诉讼工作。

2. 在庭审之前检察员的回避，由作出检察员分工的同级检察院的检察长或副检察长决定。

被回避的检察员是检察长的，则由上级检察院的检察长决定。

在庭审时要求检察员回避的，则合议庭决定延期审理。

第 53 条　审判员、陪审员的回避

1. 审判员、陪审员有以下情形之一的，需自行回避或被要求回避：

（1）本法典第 49 条所规定的情形；

（2）同为合议庭成员且互为亲属；

（3）已参加本案的初审或复审，或已经以侦查员、侦查干部、检察员、检查员、审查员、法院书记员的身份参加了此案件诉讼工作。

2. 庭审前审判员、陪审员的回避由分派其处理此案件的法院院长或副院长来决定。

须回避的审判员是法院院长的，由上级法院院长决定。

庭审时审判员和陪审员的回避由合议庭在法庭审问之前到议案室通过表决方式决定。被要求回避的合议庭成员可以陈述自己的意见，合议庭按照多数成员意见作出决定。

庭审时审判员、陪审员须回避的，合议庭作出延期审理决定。

第 54 条　法院书记员的回避

1. 法院书记员有以下情形之一的，需自行回避或被要求回避：

（1）本法典第 49 条所规定的情形；

（2）已经以检察员、检查员、侦查员、侦查干部、审判员、陪审员或者法院书记员的身份参加此案件诉讼工作。

2. 庭审前法院书记员的回避由分派其处理此案件的法院院长或副院长来决定。

庭审时书记员的回避由合议庭决定。

庭审时书记员须回避的，合议庭做出暂停审理决定。

第四章　诉讼参加人员

第 55 条　诉讼参加人员

1. 犯罪告发人、报案人、建议立案人。

2. 被告发人、被建议立案人。

3. 紧急情况下的被拘留人。

4. 被逮捕人。

5. 被拘押人。

6. 犯罪嫌疑人。

7. 被告人。

8. 被害人。

9. 民事原告。

10. 民事被告。

11. 跟案件有利害关系人。

12. 证人。

13. 见证人。

14. 鉴定人。

15. 财产评估人。

16. 翻译和编译人员。

17. 辩护人。

18. 被害人、当事人的合法权益保护人。

19. 被告发人、被建议立案人的合法权益保护人。

20. 本法典规定的犯罪法人的法定代理人、其他代理人。

第 56 条　犯罪告发人、报案人、建议立案人

1. 告发、报案的个人；报案、建议立案的机关、组织有权：

（1）要求有权机关对告发、报案、建议立案事项保密，在受到威胁时保护他们及其亲属的生命、健康、荣誉、尊严、威信、财产及其他合法权益；

（2）获告知其告发、报案、建议立案的处理结果；

（3）对有权诉讼机关和人员在接受、处理其告发、报案、建议立案事项过程中的决定和行为进行申诉。

2. 本条第 1 款规定的个人、机关、组织要在有权诉讼机关处理犯罪信息来源时到场如实地陈述自己所知道的事实。

第 57 条　被告发人、被建议立案人

1. 被告发人、被建议立案人有权：

（1）获告知被告发、被建议立案的行为；

（2）获告知、解释在本条规定的权利和义务；

（3）陈述、发表意见；

（4）提出证据、材料、物品和要求；

（5）就有关证据、材料、物品、要求发表意见，要求有权诉讼工作人员进行审查判断；

（6）自己保护或者请他人保护自己合法权益；

（7）获告知对告发、建议立案的处理结果；

（8）对有权诉讼机关和人员的诉讼决定和行为进行申诉。

2. 被告发人、被建议立案人要按照处理告发、建议立案的有权诉讼机关之要求到场。

第 58 条　紧急情况下的被拘留人，被逮捕人

1. 紧急情况下的被拘留人、现行犯罪的被逮捕人与根据通缉决定逮捕的人有权：

（1）获听取、接受紧急情况下的拘留令，对紧急情况被拘留人的逮捕令，批准逮捕紧急情况下被拘留人的决定，通缉决定；

（2）获告知自己被拘留、逮捕的理由；

（3）获告知并解释在本条规定的权利和义务；

（4）陈述并发表意见；不被强迫作对自己不利的供述或强迫自己认罪；

（5）提出证据、材料、物品和要求；

（6）就有关证据、材料、物品、要求发表意见，要求有权诉讼工作人员进行审查判断；

（7）自行辩护或者聘请他人辩护；

（8）对有权诉讼机关和人员在拘留、逮捕事项中的诉讼决定和行为进行申诉。

2. 紧急情况下的被拘留人、被逮捕人有义务执行有权机关、

人员依据本法典规定作出的拘留令、逮捕令和要求。

第 59 条　被拘押人

1. 被拘押人是指紧急情况下的被拘留人、现行犯罪的被逮捕人、根据通缉决定逮捕的人或自首、投案并对其作出拘押决定的犯罪人。

2. 被拘押人有权：

（1）获告知自己被拘押的理由；获取拘押决定书、拘押期限延长决定书、拘押期限延长决定的批准文书与依本法典规定做出的其他诉讼决定书；

（2）获告知、解释本条规定的权利和义务；

（3）陈述并发表意见；不被强迫作对自己不利的供述或强迫自己认罪；

（4）自行辩护，聘请他人辩护；

（5）提出证据、材料、物品和要求；

（6）就有关证据、材料、物品、要求发表意见，要求有权诉讼工作人员进行审查判断；

（7）对有权诉讼机关和人员在拘留事项中的诉讼决定和行为进行申诉。

3. 被拘押人有义务执行本法典及《拘押、羁押执行法》的各项规定。

第 60 条　犯罪嫌疑人

1. 犯罪嫌疑人是指被刑事立案的自然人或法人。法人作为犯罪嫌疑人的案件，其权利和义务通过法人的法定代理人依据本法典规定执行。

2. 犯罪嫌疑人有权：

（1）获告知自己被立案的理由；

（2）获告知、解释本条规定的权利和义务；

（3）获取对犯罪嫌疑人立案决定书，对犯罪嫌疑人变更、补充立案决定书，对犯罪嫌疑人立案及变更、补充立案决定的批准文书；适用、变更、撤销强制措施、强制办法的决定；侦查结论书；中止侦查、终止侦查决定；案件中止、案件终止决定；起诉书、起诉决定与依本法典规定作出的其他诉讼决定书。

（4）陈述并发表意见；不被强迫作对自己不利的供述或强迫自己认罪；

（5）提出证据、材料、物品和要求；

（6）就有关证据、材料、物品、要求发表意见，要求有权诉讼工作人员进行审查判断；

（7）要求鉴定、财产价值评估；要求有权诉讼工作人员、鉴定人、财产评估人、翻译和编译人员回避；

（8）自行辩护，聘请他人辩护；

（9）自侦查终结始，可要求阅读、复印与控罪、脱罪相关的副本材料、数字化材料，或其他有关辩护事项的副本材料；

（10）对有权诉讼机关和人员的诉讼决定和行为进行申诉。

3. 犯罪嫌疑人有义务：

（1）按照有权诉讼工作人员的传唤到案。如果不是因为不可抗力或客观障碍的理由不到案的，可以对其适用押解措施，如果逃跑则进行通缉；

（2）执行有权诉讼机关和人员的决定和要求。

4. 对于本条第 2 款第（9）项规定的自侦查终结始，犯罪嫌疑人可要求阅读、复印与控罪、脱罪相关的副本材料、数字化材料，或其他有关辩护事项的副本材料，其程序、手续、时间和地点等实施细则由公安部部长主持，最高人民检察院检察长、最高人民法院院长和国防部部长予以配合制定。

第61条　被告人

1. 被告人是指已经被法院决定提交审判的自然人或法人。法人作为被告人的案件，其权利和义务通过法人的法定代理人依据本法典规定执行。

2. 被告人有权：

（1）获取提交审判决定书；适用、变更、撤销强制措施、强制办法的决定；案件终止决定；法院判决、决定以及依本法典规定作出的其他诉讼决定书；

（2）参加庭审；

（3）获告知、解释本条规定的权利和义务；

（4）要求鉴定、财产价值评估；要求有权诉讼工作人员、鉴定人、财产评估人、翻译和编译人员回避；要求传证人、被害人、与案件相关的权利和义务人、鉴定人、财产评估人、其他诉讼参加人员和有权诉讼工作人员等参加庭审；

（5）提出证据、材料、物品和要求；

（6）就有关证据、材料、物品、要求发表意见，要求有权诉讼工作人员进行审查判断；

（7）自行辩护，聘请他人辩护；

（8）陈述并发表意见；不被强迫作对自己不利的供述或强迫自己认罪；

（9）提议审判长询问或在得到审判长同意时自己询问参与庭审人员；在法庭上进行辩论；

（10）做休庭前的最后陈述；

（11）阅读庭审笔录；要求修改或补充庭审笔录；

（12）对法院的判决和决定提出上诉；

（13）对有权诉讼机关和人员的诉讼决定和行为进行申诉；

（14）法律规定的其他权利。

3. 被告人的义务：

（1）按照法院的传唤到案。如果不是因为不可抗力或客观障碍的理由不到案的，可以对其适用押解措施，如果逃跑则进行通缉；

（2）执行法院的决定和要求。

第62条 被害人

1. 被害人是指由犯罪导致或威胁导致人身、精神、财产遭受直接损害的个人或者财产和名誉遭受损害的机关、组织。

2. 被害人或其法定代理人的权利：

（1）获告知、解释本条规定的权利和义务；

（2）提出证据、材料、物品和要求；

（3）就有关证据、材料、物品、要求发表意见，要求有权诉讼工作人员进行审查判断；

（4）要求依法进行鉴定、财产价值评估；

（5）获告知案件侦查、处理结果；

（6）要求有权诉讼工作人员、鉴定人、财产评估人、翻译和编译人员回避；

（7）提出刑罚、损害赔偿程度、赔偿保证措施等要求；

（8）参加庭审；发表意见，要求审判长讯问被告人和参加庭审的其他人；参与法庭辩论以保护自己的合法权益；阅读庭审笔录；

（9）自我保护或请他人保护自己的合法权益；

（10）参加本法典所规定的各项诉讼活动；

（11）在受到威胁时要求有权诉讼机关保护自己及亲属的生命、健康、名誉、尊严、财产及其他合法权益；

（12）对法院的判决和决定提出上诉；

（13）对有权诉讼机关和人员的诉讼决定和行为提出申诉；

（14）法律规定的其他权利。

3. 对于根据被害人的申请而立案的案件，由被害人或者其法定代理人在庭审中陈述控告意见。

4. 被害人的义务：

（1）按照有权诉讼机关和人员的通知到场。如果不是因为不可抗力或客观障碍的理由不到场的，可以对其适用引解措施；

（2）执行有权诉讼机关和人员的决定和要求。

5. 若被害人死亡、失踪、失去或被限制民事行为能力，则由其法定代理人实施本条规定的权利和义务。

机关、组织被害人有分立、分离、合并、兼并等情形的，则由继承该机关或组织权利和义务的法定代理人或组织、个人实施本条规定的权利和义务。

第 63 条　民事原告

1. 民事原告是指由犯罪造成其损害并提交了损害赔偿要求诉状的机关、组织和个人。

2. 民事原告或其代表的权利：

（1）获告知、解释本条规定的权利和义务；

（2）提出证据、材料、物品和要求；

（3）就有关证据、材料、物品、要求发表意见，要求有权诉讼工作人员进行审查判断；

（4）获告知案件侦查、处理结果；

（5）要求依法进行鉴定、财产价值评估；

（6）要求有权诉讼工作人员、鉴定人、财产评估人、翻译和编译人员回避；

（7）提出损害赔偿程度、赔偿保证措施等要求；

（8）参加庭审；发表意见，要求审判长向参加庭审的人员提问；参与法庭辩论以保护自己的合法权益；阅读庭审笔录；

（9）自我保护或请他人保护自己的合法权益；

（10）对有权诉讼机关和人员的诉讼决定和行为提出申诉；

（11）针对法院关于损害赔偿的判决和决定提出上诉；

（12）法律规定的其他权利。

3. 民事原告的义务：

（1）按照有权诉讼工作人员的通知到场；

（2）如实陈述与损害赔偿有关的情节；

（3）执行有权诉讼机关和人员的决定和要求。

第 64 条　民事被告

1. 民事被告是法律规定需要承担损害赔偿责任的机关、组织、个人。

2. 民事被告或其法定代理人的权利：

（1）获告知、解释本条规定的权利和义务；

（2）接受或部分接受、全部不接受民事原告的要求；

（3）提出证据、材料、物品和要求；

（4）就有关证据、材料、物品、要求发表意见，要求有权诉讼工作人员进行审查判断；

（5）要求依法进行鉴定、财产价值评估；

（6）获告知与损害赔偿事项有关的侦查结果和案件处理结果；

（7）要求有权诉讼工作人员、鉴定人、财产评估人、翻译和编译人员回避；

（8）参加庭审；发表意见，要求审判长向参加庭审的人员提问；参与法庭辩论以保护自己的合法权益；阅读庭审笔录；

（9）自我保护或请他人保护自己的合法权益；

（10）对有权诉讼机关和人员的诉讼决定和行为提出申诉；

（11）针对法院关于损害赔偿的判决和决定提出上诉；

（12）法律规定的其他权利。

3. 民事被告的义务：

（1）按照有权诉讼工作人员的通知到场；

（2）如实陈述与损害赔偿有关的情节；

（3）执行有权诉讼机关和人员的决定和要求。

第 65 条　与案件相关的权利义务人

1. 与案件相关的权利义务人是指与刑事案件有权利和义务关联的机关、组织和个人。

2. 与案件相关的权利义务人或其法定代理人的权利：

（1）获告知、解释本条规定的权利和义务；

（2）提出证据、材料、物品和要求；

（3）要求依法进行鉴定、财产价值评估；

（4）参加庭审；发表意见，要求审判长向参加庭审的人员提问；参与法庭辩论以保护自己的合法权益；阅读庭审笔录；

（5）自我保护或请他人保护自己的合法权益；

（6）就有关证据、材料、物品、要求发表意见，要求有权诉讼工作人员进行审查判断；

（7）针对与自己的权利和义务直接有关问题的法院判决和决定提出上诉；

（8）对有权诉讼机关和人员的诉讼决定和行为提出申诉；

（9）法律规定的其他权利。

3. 与案件相关的权利义务人的义务：

（1）按照有权诉讼工作人员的通知到场；

（2）如实陈述与自己的权利和义务有关的情节；

（3）执行有权诉讼机关和人员的决定和要求。

第 66 条　证人

1. 证人是指知道与犯罪者或案件相关信息情节并被有权诉讼机关通知来作证的人。

2. 以下人员不能作为证人：

（1）被控罪者的辩护人；

（2）精神上或生理上有缺陷，无能力了解与犯罪者或案件相关信息情节，或无能力作出正确表述的人。

3. 证人的权利：

（1）获告知、解释本条规定的权利和义务；

（2）在受到威胁时要求有权诉讼机关保护自己及亲属的生命、健康、名誉、尊严、财产及其他合法权益；

（3）就有权诉讼机关和人员对自己参加作证的诉讼决定和行为提出申诉；

（4）获通知机关支付往来费用与法律规定的其他费用。

4. 证人的义务：

（1）按照有权诉讼机关和人员的通知到场。如果不是因为不可抗力或客观障碍的理由故意不到场的，造成犯罪信息来源的处理、立案、侦查、起诉、审判障碍的，可以对其适用引解措施；

（2）如实陈述自己所知道的与犯罪者或案件相关信息情节以及自己知道这些情节的原因。

5. 证人如果无不可抗力或者客观障碍的原因而作伪证、拒绝作证或逃避作证的，则要依据《刑法典》的规定承担刑事责任。

6. 证人所在的工作或学习机关、组织有责任为证人参加诉讼提供便利条件。

第 67 条　见证人

1. 见证人是指被有权诉讼机关按照本法典规定要求其见证诉讼活动的人。

2. 以下人员不能作为见证人：

（1）被控罪者或有权诉讼工作人员的亲属；

（2）精神上或生理上有缺陷，无正确认识能力的人；

（3）18 岁以下的人；

（4）有理由认为其不客观的人。

3. 见证人的权利：

（1）获告知、解释本条规定的权利和义务；

（2）在受到威胁时要求有权诉讼机关保护自己及亲属的生命、健康、名誉、尊严、财产及其他合法权益；

（3）阅读诉讼笔录；对自己见证的诉讼活动提出认识意见；

（4）就有权诉讼机关和人员对自己参加见证的诉讼决定和

行为提出申诉；

（5）获要求其见证的机关按法律规定支付其费用。

4. 见证人的义务：

（1）按照有权诉讼机关的要求到场；

（2）对被要求参加的诉讼活动进行充分见证；

（3）在自己见证的诉讼活动笔录上签名；

（4）对自己见证的侦查活动保密；

（5）如实陈述自己按照有权诉讼机关所要求见证的情节。

第68条 鉴定人

1. 鉴定人是指在需鉴定事项领域具有专门知识并按照法律规定获有权诉讼机关征求、诉讼参加人员申请进行鉴定的人。

2. 鉴定人的权利：

（1）了解跟鉴定对象有关的案件资料；

（2）要求征求机关、提出申请的诉讼参加人员提供鉴定结论所需要的资料；

（3）就与鉴定对象相关的问题参与讯问、询问和提问；

（4）对于鉴定时间不足、所提供的资料不齐全或不足以提出结论、所要求鉴定的内容超过自己的专门认知范围等情况，鉴定人可拒绝进行鉴定；

（5）若鉴定工作由集体进行但鉴定意见不统一，则有权将自己的不同意见记入共同结论；

（6）《司法鉴定法》所规定的其他权利。

3. 鉴定人的义务：

（1）按照有权诉讼机关的通知到场；

（2）对实施鉴定过程中获悉的侦查信息予以保密；

（3）《司法鉴定法》所规定的其他义务。

4. 鉴定人如果无不可抗力或者客观障碍的原因而作虚假鉴定、拒绝作出鉴定结论的，则要依据《刑法典》的规定承担刑事责任。

5. 鉴定人有以下情形之一的，要自行回避或被要求回避：

（1）本人是被害人、当事人；是被害人、当事人或犯罪嫌疑人、被告人的法定代理人、亲属；

（2）已经以辩护人、证人、翻译人员或编译人员、财产评估人的身份参与本案；

（3）已经参加此案件的诉讼工作。

6. 鉴定人的回避由鉴定征求机关决定。

第69条　财产评估人

1. 财产评估人是指财产价值评估领域具有专门知识并按照法律规定被有权诉讼机关征求、诉讼参加人员申请进行财产价值评估的人。

2. 财产评估人的权利：

（1）了解需要价值评估对象有关的案件资料；

（2）要求征求机关、提出申请的诉讼参加人员提供评估所需要的资料；

（3）对于评估时间不足、所提供的资料不齐全或对评估无意义、所要求评估的内容超过自己的专门认知范围等情况，评估人可拒绝进行评估；

（4）若评估工作由集体进行但评估结论不统一，则有权将自己的不同意见记入共同结论；

（5）法律规定的其他权利。

3. 财产评估人的义务：

（1）按照有权诉讼机关的通知到场；

（2）对实施评估过程中获悉的侦查信息予以保密；

（3）法律所规定的其他义务。

4. 财产评估人如果无不可抗力或者客观障碍的原因而作虚假评估、拒绝作出评估结论的，则要依据《刑法典》的规定承担刑事责任。

5. 财产评估人有以下情形之一的，要自行回避或被要求回避：

（1）本人是被害人、当事人；是被害人、当事人或犯罪嫌疑人、被告人的法定代理人、亲属；

（2）已经以辩护人、证人、鉴定人、翻译人员或编译人员的身份参与本案；

（3）已经参加此案件的诉讼工作。

6. 财产评估人的回避由评估征求机关决定。

第 70 条　翻译人员、编译人员

1. 翻译人员、编译人员是指有翻译、编译能力并得到有权诉讼机关要求在诉讼过程中为不会说越南语的诉讼参加人员翻译或对非越南语的诉讼材料进行编译的人员。

2. 翻译人员、编译人员的权利：

（1）获告知并解释本条文所规定的权利和义务；

（2）在受到威胁时要求有权诉讼机关保护自己及亲属的生命、健康、名誉、尊严、财产及其他合法权益；

（3）就有权诉讼机关和人员对与自己翻译、编译相关的诉讼决定和行为提出申诉；

（4）获得请求其翻译、编译的机关支付报酬及其他法律规定的制度。

3. 翻译人员、编译人员的义务：

（1）按照有权诉讼机关的通知到场；

（2）如实翻译、编译，若做虚假翻译和编译则要依据《刑法典》规定承担刑事责任；

（3）对实施翻译、编译过程中获悉的侦查信息予以保密；

（4）向要求机关承诺履行自己的义务。

4. 翻译和编译人员有以下情形之一的，要自行回避或被要求回避：

（1）本人是被害人、当事人；是被害人、当事人或犯罪嫌疑人、被告人的法定代理人、亲属；

（2）已经以辩护人、证人、鉴定人、财产评估人的身份参与本案；

（3）已经参加此案件的诉讼工作。

5. 翻译与编译人员的回避由要求其翻译、编译的机关决定。

6. 本条规定也适用于懂得哑语、盲文的翻译、编译人员。

第71条　通知、解释和保障诉讼参加人员实施权利义务的责任

1. 有权诉讼机关和人员有责任依据本法典规定通知、解释和保障诉讼参加人员实施权利义务。

被控罪者、被害人属于《法律援助法》规定的法律援助情形的，有权诉讼机关和人员则有责任向他们解释法律援助权利；若他们提出需要法律援助时，有权诉讼机关和人员则要通知国家法律援助中心。

2. 通知和解释工作要做笔录。

第五章 辩护及被害人、当事人合法权益的保护

第 72 条 辩护人

1. 辩护人是指被控罪者委托或者有权诉讼机关指定，并获得有权诉讼机关和人员接受登记为被控罪人进行辩护的人。

2. 辩护人可能是：

（1）律师；

（2）被控罪者的法定代理人；

（3）人民辩护员；

（4）被控罪者属于法律援助对象情形中的法律援助员。

3. 人民辩护员是 18 岁以上的越南公民，忠于祖国，具有良好道德品质、具有法律知识，身体健康能够完成被交付的任务，获越南祖国阵线委员会及其成员组织推举为其组织成员的被控罪者进行辩护的人。

4. 以下人员不能作为辩护人：

（1）已参加本案的诉讼工作人员；本案有权诉讼工作人员的亲属；

（2）已经以证人、鉴定人、财产评估人、翻译人员、编译人员的身份参与本案的人；

（3）正在被追究刑事责任的人，结案但未被清除犯罪记录的人，正在接受强制戒毒、强制教育等行政处罚措施的人。

5. 在同一刑事案件中，如果权益不相互冲突，一位辩护人可以同时为多个被控罪者辩护。

一个被控罪者可以委托多位辩护人为其进行辩护。

第73条　辩护人的权利和义务

1. 辩护人的权利：

（1）会见并询问被控罪者；

（2）在有权诉讼工作人员讯问被逮捕人、被拘押人、犯罪嫌疑人时在场，并在征得讯问人员同意的情况下，可以向被逮捕人、被拘押人、犯罪嫌疑人询问情况。每次有权诉讼工作人员讯问结束后，辩护人可以询问被逮捕人、被拘押人、犯罪嫌疑人；

（3）在进行对质、辨认、口音辨别与本法典规定的其他侦查活动时在场；

（4）获有权诉讼机关提前告知讯问的时间和地点及本法典规定的其他侦查活动时间和地点；

（5）查阅自己参加的诉讼活动笔录以及与自己所辩护的人相关的诉讼决定；

（6）要求有权诉讼工作人员、鉴定人、财产评估人、翻译和编译人员回避；要求变更或撤销强制措施、强制行为；

（7）要求进行本法典规定的诉讼活动；提议召集证人、其他诉讼参加人员和有权诉讼工作人员参加诉讼；

（8）收集、提交证据、材料、物品和要求；

（9）就有关证据、材料、物品、要求进行检查、评价、发表意见，并要求有权诉讼工作人员进行审查判断；

（10）要求有权诉讼机关进行收集证据、补充鉴定、重新鉴定、重新评估财产价值；

（11）自侦查终结起，有权查阅、摘抄、复制与辩护有关的案卷材料；

（12）在法庭上进行提问和辩论；

（13）对有权诉讼机关和人员的诉讼决定和行为进行申诉；

（14）若被告人是 18 岁以下的人或是本法典规定的精神、生理有缺陷的人，则有权对法院判决和决定提出上诉。

2. 辩护人的义务：

（1）采取法律规定的各种措施查清确定被控罪者无罪的情节，以及犯罪嫌疑人、被告人减轻刑事责任的情节；

（2）为被控罪者提供法律帮助以保护其合法权益；

（3）没有不可抗力或者客观障碍的原因，不得拒绝为已经接受辩护的被控罪者进行辩护；

（4）尊重事实；不得贿赂、胁迫或诱使他人作出虚假陈述或提供虚假材料；

（5）按照法院通知到场；若属本法典第 76 条第 1 款所规定的指定辩护人则需要按照侦查机关、检察院的要求到场；

（6）不得泄露自己在辩护过程中获悉的侦查秘密；不得利用摘抄、复制的案卷材料侵害国家利益、公共利益以及机关、组织和个人的合法权益；

（7）不得泄露自己在辩护过程中获悉的案件信息、被控罪者的信息，除非征得他们的书面同意，而且不能使用这些信息侵害国家利益、公共利益以及机关、组织和个人的合法权益。

3. 如果辩护人违反法律，则按照其违反的性质和程度，可撤销其本案的辩护登记，进行纪律处分，行政处罚，或追究刑事责任；若造成损害的则要依法赔偿。

第 74 条　辩护人参加诉讼活动的时间

自对犯罪嫌疑人立案时起，辩护人可参加诉讼活动。

对于逮捕或拘押的情形，则自被逮捕人被带到侦查机关驻地、被授权进行部分侦查活动机关的驻地，或者做出拘押决定时起，辩护人可参加诉讼活动。

对于危害国家安全罪需要保护侦查秘密的情形，检察长有权决定辩护人自侦查终结后才能开始参加诉讼活动。

第75条　委托辩护人

1. 辩护人由被控罪者及其法定代理人或亲属委托。

2. 管理被逮捕人、被拘押人的机关自收到被逮捕人、被拘押人要求委托辩护人的申请单12小时内，有责任将此申请单转交给辩护人、法定代理人或亲属。若被逮捕人、被拘押人无明确辩护人对象，管理机关则要将此申请单转交给其法定代理人或亲属以委托辩护人。

管理被羁押人的机关自收到被羁押人要求委托辩护人的申请单24小时内，有责任将此申请单转交给辩护人、法定代理人或亲属。若被羁押人无明确辩护人对象，管理机关则要将此单转交给其法定代理人或亲属以委托辩护人。

3. 若被逮捕人、被拘押人、被羁押人的法定代理人或亲属提交委托辩护人的申请单，有权机关要立即通知被逮捕人、被拘押人、被羁押人，以获得其关于委托辩护人事项的意见。

4. 被控罪者及其法定代理人或亲属可要求越南祖国阵线委员及县、郡、省辖市镇以上的阵线成员组织在自己的组织成员作为被控罪人时为其推举人民辩护员。

第76条　指定辩护人

1. 在下列情况下，被控罪者及其法定代理人或亲属不委托辩护人的，有权诉讼机关必须要为其指定辩护人：

（1）犯罪嫌疑人和被告人所犯的罪根据《刑法典》规定最高刑为 20 年有期徒刑、无期徒刑和死刑的；

（2）被控罪人是生理上有缺陷无法自行辩护、精神上有缺陷或者未满 18 岁的人。

2. 有权诉讼机关必须要求或建议以下组织为本条第 1 款所规定的对象指定辩护人：

（1）律师协会分派律师执业组织指定辩护人；

（2）国家法律援助中心为属于法律援助对象的人分派法律援助员、律师进行辩护；

（3）越南祖国阵线委员会及其成员组织分派人民辩护员为自己组织被控罪的成员进行辩护。

第 77 条　更换或拒绝辩护人

1. 以下人员有权拒绝或者提议更换辩护人：

（1）被控罪者；

（2）被控罪者的法定代理人；

（3）被控罪者的亲属。

除本法典第 76 条第 1 款第（2）项所规定之情形外，任何拒绝或更换辩护人的情形都须经被控罪者同意并要做好书面笔录存入案卷。

2. 如果侦查阶段的被逮捕人、被拘押人和被羁押人对其亲属委托的辩护人提出拒绝意见的，则侦查员须与这个辩护人一起直接会见被逮捕人、被拘押人和被羁押人，以确认拒绝事宜。

3. 按照本法典第 76 条第 1 款规定指定辩护人的，被控罪者和其法定代理人、亲属仍然有权要求更换或拒绝辩护人。

如果更换辩护人的，则按照本法典第 76 条第 2 款规定指定其他辩护人。

如果拒绝辩护人的，则有权诉讼机关应按本法典第76条第1款第（2）项的规定对被控罪人和其法定代理人、亲属拒绝辩护人的情形做好书面笔录，并终止指定辩护人事宜。

第78条　辩护登记手续

1. 无论任何情形参加诉讼，辩护人都必须要办理辩护登记手续。

2. 办理辩护登记时，辩护人必须出示以下文件：

（1）律师要出示律师证、经证实的律师证复印件、被控罪人或其法定代理人、亲属的委托书；

（2）被控罪人的法定代理人要出示身份证或公民根据卡及其经证实的复印件，以及有权机关对法定代理人和被控罪人关系的确认书；

（3）人民辩护员要出示身份证或公民根据卡及其经证实的复印件，以及越南祖国阵线委员会及其成员组织指派人民辩护员的文件；

（4）进行法律援助的法律援助员和律师要出示法律援助组织的指派文件，以及法律援助员证或律师证及其经证实的复印件。

3. 根据本法典第76条所规定指定辩护人的，辩护人要出示以下文件：

（1）律师要出示律师证、经证实的律师证复印件，律师执业所在地的律师执业组织指派文件，对于律师个人执业的，要出示律师协会的指派文件；

（2）人民辩护员要出示身份证或公民根据卡及其经证实的复印件，以及越南祖国阵线委员会及其成员组织指派人民辩护员的文件；

（3）进行法律援助的法律援助员和律师要出示法律援助员证或律师证及其经证实的复印件，以及国家法律援助中心的指派文件。

4. 自收到本条第 2、3 款规定的所有文件 24 小时内，有权诉讼机关要进行审查，若无本条第 5 款规定的拒绝登记情形，则应立即予以辩护登记并向辩护登记人、监押场所发送通知单，并将辩护登记文件存入案卷；如果发现不符合辩护登记条件，则拒绝辩护登记并书面说明拒绝登记之理由。

5. 有权诉讼机关对以下情形拒绝辩护登记：

（1）本法典第 72 条第 4 款所规定的情形；

（2）属于指定辩护人情形的被控罪者拒绝辩护人。

6. 辩护登记通知文件在整个诉讼过程中都有效，但以下情形除外：

（1）被控罪者拒绝或要求更换辩护人；

（2）本法典第 76 条第 1 款第（2）项所规定的被控罪者法定代理人或亲属拒绝或要求更换辩护人。

7. 有以下情形之一的，有权诉讼机关撤销辩护登记并通知辩护人和监押场所：

（1）发现辩护人属于本法典第 72 条第 4 款的对象；

（2）在进行辩护过程中违反法律。

第 79 条　通知辩护人的责任

1. 对于辩护人根据本法典规定有权参加的诉讼活动，诉讼机关必须在合理时间内提前向辩护人告知时间和地点。

2. 辩护人已经得到有权诉讼机关提前通知而不到场的，诉讼活动照常进行，但本法典第291条所规定的情形除外。

第80条　会见被逮捕人、被拘押人以及被羁押的犯罪嫌疑人、被告人

1. 为会见被逮捕人、被拘押人以及被羁押的犯罪嫌疑人、被告人，辩护人需要出示辩护登记通知文件以及律师证、法律援助员证、身份证或公民根据卡。

2. 被逮捕人、被拘押人以及被羁押的犯罪嫌疑人、被告人的管理机关应普及监押场所的规章制度并要求辩护人严格遵守。若发现辩护人违反会见规定则立即停止其会见行为并记入笔录，通知有权人员依据法律规定处理。

第81条　收集、提交与辩护相关的证据、材料和物品

1. 辩护人按照本法典第88条第2款的规定收集、提交与辩护相关的证据、材料、物品和情节。

2. 根据不同的诉讼阶段，辩护人收集到与辩护相关的证据、材料和物品时，必须及时提交给该阶段有权诉讼机关以存入案卷。证据、材料和物品的交接要按照本法典第133条的规定作笔录。

3. 如果无法收集到与辩护相关的证据、材料和物品，辩护人可以要求有权诉讼机关进行收集。

第82条　案卷材料的查阅、摘抄和复制

1. 侦查终结后，如果辩护人要求查阅、摘抄和复制与辩护有关的案卷材料，有权诉讼机关则有责任安排时间和地点给辩护人查阅、摘抄和复制案卷材料。

2. 查阅、摘抄和复制案卷材料之后，辩护人要将案卷原状退还给提供案卷的机关。如果丢失、遗落或者弄坏案卷和材料，则根据违反性质和程度依法予以处理。

第 83 条　被告发人、被要求立案人的合法权益保护人

1. 被告发人、被要求立案人的合法权益保护人是指受被告发人、被要求立案人委托保护其合法权益的人。

2. 被告发人、被要求立案人的合法权益保护人可以是：

（1）律师；

（2）人民辩护员；

（3）法定代理人；

（4）法律援助员。

3. 被告发人、被要求立案人的合法权益保护人的权利：

（1）提交证据、材料、物品和要求；

（2）就有关证据、材料、物品、要求进行检查、评价、发表意见，并要求有权诉讼工作人员进行审查判断；

（3）在诉讼工作人员向被告发人、被要求立案人问话时有权在场，如果得到侦查员或检察员同意，还可以向被告发人、被要求立案人提问。每次有权诉讼工作人员问话结束后，被告发人、被要求立案人的合法权益保护人有权询问被告发人、被要求立案人；

（4）对被告发人、被要求立案人进行对质、辨认、口音辨别时在场；

（5）对有权诉讼机关和人员的诉讼决定和行为进行申诉。

4. 被告发人、被要求立案人的合法权益保护人的义务：

（1）使用法律规定的措施尽力弄清案件客观事实；

（2）在法律上帮助被告发人、被要求立案人以保护其合法权益。

第 84 条　被害人、当事人的合法权益保护人

1. 被害人、当事人的合法权益保护人是指受被害人、当事人委托保护其合法权益的人。

2. 被害人、当事人的合法权益保护人可以是：

（1）律师；

（2）法定代理人；

（3）人民辩护员；

（4）法律援助员。

3. 被害人、当事人的合法权益保护人的权利：

（1）提交证据、材料、物品和要求；

（2）就有关证据、材料、物品、要求进行检查、评价、发表意见，并要求有权诉讼工作人员进行审查判断；

（3）要求鉴定和财产评估；

（4）在诉讼工作人员向其保护对象询问、对质、辨认、口音辨别时在场；侦查终结后，有权查阅、摘抄和复制与保护被害人、当事人的合法权益相关的案卷材料；

（5）在庭审时进行询问和辩论；查阅庭审笔录；

（6）对有权诉讼机关和人员的诉讼决定和行为进行申诉；

（7）要求有权诉讼工作人员、鉴定人、财产评估人、翻译和编译人员回避；

（8）若其保护对象是 18 岁以下的未成年人或精神上、生理上有缺陷的人，则可针对法院判决、决定中与其保护对象权利义务相关的部分提出上诉。

4. 被害人、当事人的合法权益保护人的义务：

（1）使用法律规定的措施尽力弄清案件客观事实；

（2）在法律上帮助被害人、当事人以保护其合法权益。

第六章　证明和证据

第 85 条　刑事案件中的证明对象

在刑事案件侦查、起诉与审判时，有权诉讼机关需要证明：

1. 是否有犯罪行为发生；犯罪行为的时间、地点及其他情节；

2. 实施犯罪行为的人是谁；有过失还是无过失；故意还是无意；是否具有刑事责任能力；犯罪的目的和动机；

3. 犯罪嫌疑人、被告人的加重或减轻刑事责任情节，犯罪嫌疑人、被告人的人身特点；

4. 犯罪行为造成损害的性质和程度；

5. 犯罪的原因和背景；

6. 与排除刑事责任、免除刑事责任和免除刑罚有关的其他情节。

第 86 条　证据

证据是指按照本法典规定的程序和手续收集的客观事物，是用于确定犯罪行为是否存在、犯罪行为实施者及其他对案件处理有关情节的根据。

第 87 条　证据形式

1. 证据从以下形式收集和确认：

（1）物证；

（2）供述、陈述；

（3）电子资料；

（4）鉴定、财产评估结论；

（5）立案、侦查、起诉、审判、执行过程中的笔录；

（6）委托司法和其他国际合作结果；

（7）其他材料和物品。

2. 任何客观真实但没有按照本法典规定程序和手续收集的证据材料，则无法律价值，不能作为刑事案件处理的根据。

第 88 条　证据收集

1. 为了收集证据，有权诉讼机关有权按照本法典规定进行证据收集；要求机关、组织和个人提供证据、材料、物品、电子资料、陈述情节以查清案件。

2. 为了收集证据，辩护人可以会见自己的辩护对象、被害人、证人及其他有关人以询问听取他们与案件相关的陈述；要求机关、组织和个人提供与辩护有关的证据、材料、物品、电子资料。

3. 其他诉讼参加人员、机关、组织和任何个人都可以提供证据、材料、物品、电子资料以及进行与案件相关的陈述。

4. 在接收本条第 2、3 款所规定的对象提供的跟案件有关的证据、材料、物品、电子资料时，有权诉讼机关必须按照本法典规定作交接笔录并进行审查判断。

5. 自建立侦查、收集、接收与案件相关材料的笔录后 5 日内，检察员不按照法律规定进行直接检察，侦查机关和被授权进行部分侦查活动的机关则将此笔录和材料交给检察院，以便对建立卷宗事项进行检察。若有客观障碍的因素则可以延长，但不能超过 15 天。检察院收到材料 3 日内要对笔录和材料盖章并复制、留存检察卷宗，将笔录、材料原状交回给侦查机关或被授权进行部分侦查活动的机关。材料、笔录交接过程应按照本法典第133条的规定做笔录。

第89条　物证

物证是用作犯罪工具和交通工具的物品，带有犯罪痕迹的物品，作为犯罪对象的物品，金钱或对证明犯罪和犯罪人有价值、对案件处理有意义的其他物品。

第90条　物证保管

1. 物证要完好保管，不能遗失、混淆或损坏。物证保管按以下规定进行：

（1）需要查封的物证应当在收集之后立即查封。查封、解封要作笔录并存入案卷。查封、解封物证要按照中央政府的规定执行；

（2）物证为现金、金、银、贵金属、宝石、古董、炸药、易燃品、毒药、放射性物质、军事武器的，收集之后必须马上进行鉴定并移交到国库或其他专责机关保管。若带有犯罪痕迹的现金、金、银、贵金属、宝石、古董则要按照本款第（1）项的规定进行查封；若物证是危险细菌、人体器官、组织样本、血液样本和其他人体样本则要由专责机关依照法律规定予以保管；

（3）物证无法移交到有权诉讼机关保管时，有权诉讼机关则要将此物证交给该物的所有权人、合法管理者或其亲属或该证物所在地的地方政府、机关、组织保管；

（4）如果物证属易腐烂或难以保存的物品，有权机关可在其权限范围内依法决定出售，并将款项入国库主管机关的暂扣账户管理；

（5）物证被移交到有权诉讼机关进行保管时，人民公安、人民军队、被授权进行部分侦查活动机关在侦查、起诉阶段承担保管责任；民事案件执行机关在审判和案件执行阶段承担保管责任。

2. 具有物证保管责任的人将物证遗失、损坏、毁坏查封、消费、非法使用、转让、调换、藏匿、销毁案件物证的，则按照违法行为的性质、程度予以纪律处分或按照法律规定追究刑事责任。

以使案卷违背客观事实为目的而增加、减少、修改、调换、销毁、损坏案件物证的，则要承担刑事责任；若造成损害则要按照法律规定予以赔偿。

第91条　证人证言

1. 证人就其所知悉的与犯罪行为、案情、被控罪者和被害人人身情况相关的信息，以及他们与被控罪者、被害人、其他证人的关系进行陈述，并回答相关问题。

2. 如果证人无法说清楚其是如何获悉此信息的，则该信息不能作为证据使用。

第92条　被害人陈述

1. 被害人就犯罪行为、案情信息及其与被控罪者的关系进行陈述，并回答相关问题。

2. 如果被害人无法说清楚其是如何获悉此信息的，则该信息不能作为证据使用。

第93条　民事原告、民事被告的陈述

1. 民事原告、民事被告就犯罪行为所造成的损害赔偿相关信息进行陈述。

2. 如果民事原告、民事被告无法说清楚其是如何获悉此信息的，则该信息不能作为证据使用。

第 94 条　跟案件有利害关系人的陈述

1. 跟案件有利害关系人就与其权利和义务直接相关的信息进行陈述。

2. 如果跟案件有利害关系人无法说清楚其是如何获悉此信息的，则该信息不能作为证据使用。

第 95 条　紧急情况被拘留者、被告发人、被要求立案人、投案自首者、被逮捕人、被拘押人的陈述

紧急情况被拘留者、被告发人、被要求立案人、投案自首者、被逮捕人、被拘押人就其被怀疑犯罪的有关情节进行陈述。

第 96 条　告发人、报案人的陈述

告发人、报案人就其所告发、报案相关的犯罪情节进行陈述。

第 97 条　见证人的陈述

见证人就其在诉讼活动中所见证的情况进行陈述。

第 98 条　犯罪嫌疑人、被告人的供述

1. 犯罪嫌疑人、被告人就案件情节进行供述。

2. 犯罪嫌疑人、被告人的认罪供述只有与案件其他证据相印证才能作为证据。

不得将犯罪嫌疑人、被告人的认罪供述作为控罪、定罪的唯一证据。

第 99 条　电子资料

1. 电子资料是通过电子方式创建、存储、发送或接收的符号、文字、数字、图像、声音或其他相似形式。

2. 电子资料从电子设备、计算机网络、通信网络、传输渠道和其他电子资源中收集。

3. 电子资料的证据价值根据其创建、存储、发送或接收的方式，电子资料完整性的保障和维护方式，创建者确立方式，以及其他合适要素进行确认。

第 100 条　鉴定结论

1. 鉴定结论是由鉴定组织、机关或个人对征求、要求鉴定的问题作出专门结论的文书。

2. 鉴定组织、机关或个人对征求、要求鉴定问题所作出的结论负责。

鉴定工作由鉴定集体进行的，则集体的所有成员都要在结论文书上签名。各成员结论不相同的，则每个成员都需将自己的结论记入结论文书。

3. 有权诉讼机关不同意鉴定结论的，必须说明理由，如果结论不清楚或不充分，则按照本法典规定进行补充鉴定或重新鉴定。

4. 属于应当回避或拒绝的鉴定人所作出的鉴定结论不具有法律价值，不能作为处理案件的证据。

第 101 条　财产评估结论

1. 财产评估结论是由财产评估委员会对被要求评估的财产作出价值评估结论的文书。

财产评估委员会作出价值评估结论并对此结论负责。

2. 财产评估结论须委员会所有成员签名。有成员不同意委员会决定的财产评估结论的，该成员可将自己的结论记入结论文书。

3. 有权诉讼机关不同意财产评估结论的，必须说明理由，若结论不清楚则按照本法典规定进行重新评估。

4. 财产评估委员会的评估结论违反本法典及其他相关评估法律规定的，则不具有法律价值，不能用作处理案件的证据。

第 102 条　犯罪信息来源检查和确认、立案、侦查、起诉、审判等活动的笔录

依据本法典规定所作的犯罪信息来源检查和确认、立案、侦查、起诉、审判等活动笔录中所记录的情节可视为证据。

第 103 条　委托司法和其他国际合作结果

委托司法和其他国际合作结果由外国有关机关提供，若其与案件的其他证据相印证，则可视为案件的证据。

第 104 条　案件其他材料、物品

由机关、组织和个人提供的材料、物品中记录有与案件相关情节的，可视为证据。若这些材料、物品具有本法典第 89 条所规定的特点，则视为物证。

第 105 条　收集物证

物证收集须及时、充分，按实际情况描述记入笔录并留存案卷。如果物证无法存入案卷的，可以拍照存入案卷。物证须按照法律规定进行查封和保管。

第 106 条　处理物证

1. 如果案件在侦查阶段终止，由侦查机关、被授权进行部分侦查活动的机关作出物证处理决定；在起诉阶段终止的，由检察院作出物证处理决定；在审判准备阶段终止的，由法院院长作出物证处理决定；已提交审判的，由合议庭作出物证处理决定。物证处理决定的执行要做笔录。

2. 物证可以按以下方式处理：

（1）物证是犯罪工具、交通工具、禁止储存和流通的物品的，则予以没收、收缴国库或销毁；

（2）物证是因犯罪所得的金钱或财产的，则予以没收、收缴国库；

（3）物证是没有价值或无法使用的，则予以没收并销毁。

3. 在侦查、起诉、审判过程中，本条第1款所规定的有权诉讼机关和人员有权：

（1）将被扣押、暂扣但不是物证的财产立即退还给所有权人或者财产的合法管理人；

（2）经审查发现物证不影响案件处理和执行的，则立即将证物退还给所有权人或者财产的合法管理人；

（3）物证属于容易腐烂或者难以保管的，则按照法律规定出售；若不能出售则销毁；

（4）物证是野生动物或者外来植物的，在鉴定结论做出之后要立即移交给有权的专业管理机关依法处理。

4. 对物证存在所有权纠纷的，按照民事诉讼法的规定处理。

第107条　电子设备、电子资料证据的收集

1. 收集电子设备、电子资料须及时、充分，按实际情况描述，并在扣押之后立即查封。查封和解封需要按照法律规定进行。

若无法扣押电子资料储存工具的，有权诉讼机关则要用电子设备复制此电子资料，并像物证一样保管，同时要求保管原件的相关机关、组织和个人对有权诉讼机关已复制电子资料的原件进行完好储存和保管，并承担法律责任。

2. 从电子设备、计算机网络、电信网络或传输网络上收集、截取和备份电子资料时，有权诉讼机关须做笔录留存案卷。

3. 组织和个人在收到有权诉讼机关的征求鉴定决定后有责任恢复、搜索并鉴定电子资料。

4. 电子资料的恢复、搜索、鉴定只能在副本上进行；恢复、搜索、鉴定的结果必须转换为可读、可听或可视的形式。

5. 电子设备、电子资料要像物证一样按照本法典规定保管。出示电子资料的证据要附上资料储存工具或电子资料的副本。

第108条　证据的审查判断

1. 每个证据都要进行审查判断以确认其合法性、真实性和关联性。对所收集证据的确认事宜要充分保证能用以处理刑事案件。

2. 有权诉讼工作人员必须在自己的任务和权限内对案件所收集的每个证据进行充分、客观、全面的审查判断。

第七章　强制措施与强制办法

第一节　强制措施

第109条　各项强制措施

1. 为了及时控制犯罪者或有根据表明被控罪者将会对侦查、起诉、审判造成障碍或继续犯罪，或为了保证案件执行，有权诉讼机关和人员在权限范围内可以适用紧急情况下的拘留、逮捕、拘押、羁押、保证人取保、保证金取保、禁止离开居住地、暂缓出境等措施。

2. 逮捕的情形包括逮捕紧急情况被拘留人、逮捕现行犯、逮捕被通缉人员、逮捕犯罪嫌疑人和被告人以羁押；逮捕被要求引渡的人。

第 110 条　紧急情况下的拘留

1. 有以下情形之一的，可以进行拘留：

（1）有充分的证据证明此人正在准备实施非常严重、特别严重的犯罪；

（2）共同实施犯罪的人、被害人或在犯罪现场人员亲眼目睹并确认其实施了犯罪行为，并认为需要立即阻止其逃跑的；

（3）在嫌疑人身上或其住处、工作地或交通工具上存在犯罪痕迹，并认为需要立即阻止该人逃跑或销毁证据的。

2. 以下人员有权作出紧急情况下的拘留令：

（1）各级侦查机关的首长、副首长；

（2）中团级独立单位首长、边防派出所所长、港口口岸边防指挥长、省与直辖市的边防部队指挥长、边防部队侦查局局长、边防部队预防与打击毒品和犯罪局局长、边防部队预防与打击毒品和犯罪特任团团长、海警力量区域司令、海警力量法律和业务局局长、海警预防与打击毒品和犯罪特任团团长、区域渔检支局局长；

（3）飞机或轮船离开机场或港口后的机长、船长。

3. 紧急情况下的拘留令须按照本条第 1 款及本法典第 132 条第 2 款的规定写明被拘留者的姓名、地址、拘留理由和根据。执行紧急情况下的拘留令须严格遵守本法典第 113 条第 2 款的规定。

4. 自紧急情况拘留或接收到紧急情况下被拘留的人 12 小时内，侦查机关和被授权进行部分侦查行为的机关必须立即对其进行讯问，本条第 2 款第（1）（2）项所规定的人须对被拘留人作出拘押、提出逮捕令或立即释放之决定。对紧急情况拘留人提出的逮捕令须立即交给同级或有管辖权的检察院，并附上拘留相关材料以审查批准。

本条第 2 款第（3）项所规定的人实施紧急情况拘留行为后，须立即押解被拘留人到最先到达的机场或港口侦查机关，并附上与紧急情况拘留相关的材料。接收紧急情况被拘留人 12 小时内，侦查机关须进行讯问，本条第 2 款第（1）项所规定的人须对被拘留人作出拘押决定、提出逮捕令或立即释放。对紧急情况拘留人提出的逮捕令须立即交给同级检察院，并附上拘留相关材料以审查批准。

对紧急情况被拘留人的逮捕令须按照本条第 1 款与本法典第 132 条第 2 款的规定写明被拘留人的姓名、地址、逮捕理由和根据。

5. 提请检察院批准对紧急情况被拘留人逮捕令的材料包括：

（1）提请检察院批准对紧急情况被拘留人逮捕令的申请书；

（2）紧急情况拘留令、对紧急情况被拘留人的逮捕令、拘押决定书；

（3）紧急情况拘留笔录；

（4）紧急情况被拘留人的供述笔录；

（5）有关紧急情况拘留的证据、材料、物品。

6. 检察院须严格按照本条第 1 款规定的拘留依据进行检察。必要时，检察员在决定批准或不批准对紧急情况被拘留人的逮捕令前，直接提审、讯问被紧急情况拘留人。检察员讯问紧急情况被拘留人的供述笔录要存入案卷。

收到对紧急情况被拘留人的逮捕令申请材料后 12 小时内，检察院要作出是否批准的决定。如果检察院作出不批准逮捕紧急情况被拘留人的，则作出紧急情况拘留决定的人，接收被紧急情况拘留人的侦查机关须立即释放被拘留人。

第 111 条　逮捕现行犯

1. 对于正在犯罪或者犯罪之后立即被发现或被追捕的人，任何人都有权将其逮捕并押解到最近的公安机关、检察院或者人民政府。这些机关须做接收笔录并立即向有管辖权的侦查机关押解被逮捕者或立即通知有管辖权的侦查机关。

2. 逮捕现行犯时，任何人都有权解除被逮捕者的武器和凶器。

3. 乡、坊、镇的公安机关、派出所发现逮捕或接收现行犯的，要依法收缴、暂扣武器和凶器并保管有关的材料和物品，作拘捕笔录，获取初步供述，保护现场；立即向有管辖权的侦查机关押解被逮捕者或立即通知有管辖权的侦查机关。

第 112 条　逮捕正在被通缉的人

1. 对于正在被通缉的人，任何人都有权将其逮捕并押解到最近的公安机关、检察院或者人民政府。这些机关须作接收笔录并立即向有管辖权的侦查机关押解被逮捕者或立即通知有管辖权的侦查机关。

2. 逮捕正在被通缉的人时，任何人都有权解除被逮捕者的武器和凶器。

3. 乡、坊、镇的公安机关、派出所发现逮捕或接收正在被通缉的人，要依法收缴、暂扣武器和凶器并保管有关的材料和物品，作拘捕笔录，获取初步供述，保护现场；立即向有管辖权的侦查机关押解被逮捕者或立即通知有管辖权的侦查机关。

第 113 条　逮捕犯罪嫌疑人、被告人以羁押

1. 以下人员有权对犯罪嫌疑人、被告人做出逮捕令、逮捕

决定：

（1）各级侦查机关的首长、副首长。对于这些人员做出的逮捕令在执行之前须获得同级检察院的批准；

（2）各级人民检察院的检察长、副检察长，各级军事检察院检察长、副检察长；

（3）各级人民法院院长、副院长，各级军事法院院长、副院长，合议庭。

2. 逮捕令、批准逮捕令决定以及逮捕决定书须按照本法典第132条第2款的规定写明被逮捕者的姓名、地址、逮捕理由和根据。

执行逮捕令、逮捕决定的人员必须向被逮捕人宣读、解释逮捕令、逮捕决定，告知其权利和义务，将逮捕过程作成笔录，将逮捕令、逮捕决定交给被逮捕人。

在被逮捕人居住地执行逮捕时，须有乡、坊、镇人民政府的法定代理人和其他人见证。在被逮捕人工作或学习地执行逮捕时，须有其工作、学习的机关、组织法定代理人见证。在其他地方执行逮捕时，须有执行地乡、坊、镇人民政府的代表见证。

3. 不得在夜间逮捕，但逮捕现行犯和正在被通缉的人除外。

第114条 紧急情况拘留、逮捕或接收被拘留人、被逮捕人之后须立即做的工作

1. 紧急情况拘留、逮捕或接收被拘留人、被逮捕人之后，侦查机关、被授权进行部分侦查活动的机关须立即进行讯问并在12小时内作出拘押决定或释放被逮捕人。

2. 对被逮捕的通缉犯讯问之后，实施逮捕的侦查机关须立即通知发布通缉决定的机关来接收被逮捕人。接收被逮捕人之后，发布通缉决定的机关要立即作出停止通缉的决定。

发布通缉决定的机关不能及时来接收被逮捕人的，实施逮捕的侦查机关在讯问之后要立即对其作出拘押决定并通知发布通缉决定的机关；如果拘押期限届满，发布通缉决定的机关仍然没来接收被逮捕人，则实施逮捕的侦查机关延长拘押期限，并将延长拘押决定附带有关材料移送同级检察院审查批准。

不能及时来接收被逮捕人的发布通缉决定机关有提出羁押令之权限的，则须立即提出羁押令，并将已由其同级检察院批准的羁押令交给实施逮捕的侦查机关。接到羁押令后，实施逮捕的侦查机关须将被逮捕人押送到最近的看守所。

3. 若被逮捕人被多个通缉决定机关通缉的，实施逮捕的侦查机关则将被逮捕人移交到最近的发布通缉决定机关。

第 115 条　紧急情况拘留笔录、逮捕笔录

1. 执行紧急情况拘留令、逮捕令和逮捕决定，执行人在任何情况下都要作笔录。

笔录要写明拘留、逮捕的时间、地点，作笔录的地方，已做的各项工作，执行拘留、逮捕过程中的变化，扣押的材料与物品，被拘留人、被逮捕人的身体健康、意见和申诉情况，以及本法典第 133 条所规定的其他内容。

笔录要向被拘留人、被逮捕人和见证人宣读。被拘留人、被逮捕人、执行人员与见证人都要在笔录上签名；若有其他意见或者不同意笔录内容的，都有权要求记入笔录并签名。

暂扣被拘留人、被逮捕人的材料与物品要按照本法典规定进行。

2. 交接被拘留人、被逮捕人时要作笔录。

除了本条第 1 款所规定的内容以外，交接笔录还要写明讯问笔录和已收集材料和物品的交接情况、被拘留人与被逮捕人的健康情况以及交接过程中所发生的情况。

第 116 条　紧急情况拘留、逮捕事项的通知

执行拘留、逮捕之后，签发拘留令、逮捕令或逮捕决定的人要立即通知被拘留人、被逮捕人的家属及其居住地的乡、坊、镇政府或者其工作学习的机关、组织。

接收被拘留人、被逮捕人 24 小时内，接收的侦查机关要通知被拘留人、被逮捕人的家属及其居住地的乡、坊、镇政府或者其工作学习的机关、组织；被拘留人、被逮捕人是外国人的，要通知越南外交机关向被拘留人、被逮捕人国家的外交代表机关通报。

若通知事宜对追捕其他对象造成障碍或者对案件侦查造成障碍的，则等障碍消除后，签发拘留令、逮捕令或逮捕决定的人以及接收被拘留人、被逮捕人的侦查机关要立即通知。

第 117 条　拘押

1. 拘押可适用于紧急情况被拘留人、现行犯、犯罪投案自首的人或者按通缉决定逮捕的人。

2. 本法典第 110 条第 2 款所规定的有权签发拘留令的人有权作出拘押决定。

拘押决定要写明被拘押人的姓名、地址、拘押理由、拘押开始和结束时间以及本法典第 132 条第 2 款所规定的内容。拘押决定书要送达给被拘押人。

3. 拘押决定执行人员要告知并解释本法典第 59 条所规定的被拘押人权利和义务。

4. 作出拘押决定后 12 小时内，作出拘押决定的人要将拘押决定书及各项作为拘押根据的材料送交同级检察院或有管辖权的检察院。如果发现拘押事项没有根据或没有必要，检察院则有权撤销拘押决定，作出拘押决定的人要立即释放被拘押人。

第 118 条　拘押期限

1. 拘押期限不超过 3 日，自侦查机关、被授权进行部分侦查活动的机关接收被拘留人、被逮捕人或者押解被拘留人、被逮捕人回自己办公驻所或侦查机关对投案自首犯罪人作出拘押决定时起算。

2. 必要情况下，作出拘押决定的人可以延长拘押期限，但不得超过 3 日。在特殊的情况下，作出拘押决定的人可以第二次延长期限，但也不能超过 3 日。

每次延长拘押期限都必须要经过同级检察院或有管辖权的检察院批准。检察院在收到提请延长拘押期限材料 12 小时内，要作出是否批准的决定。

3. 在拘押过程中，若证据不足以对犯罪嫌疑人进行立案的，侦查机关和被授权进行部分侦查行为机关要立即释放被拘押人；对于已经延长拘押期限的情形，则由检察院立即释放被拘押人。

4. 拘押时间可以折抵羁押时间。拘押一日折抵羁押一日。

第 119 条　羁押

1. 羁押可适用于非常严重、特别严重犯罪的犯罪嫌疑人和被告人。

2. 对于《刑法典》规定刑罚在 2 年以上的轻罪、严重犯罪的犯罪嫌疑人和被告人，如确定其有以下情形之一的，也可适用羁押：

（1）已经适用其他强制措施但没有遵守规定；

（2）没有明确的居所或者不能确定犯罪嫌疑人的身份履历；

（3）逃跑并按照通缉决定逮捕或者有逃跑迹象的；

（4）继续犯罪或有继续犯罪迹象的；

（5）有收买、强迫、唆使他人作伪证或提供虚假材料，销毁、伪造案件的证据、文件和物品，转移与案件有关的财产，威胁、控制和报复证人、被害人、告发人及其亲属等行为的。

3. 对于《刑法典》规定刑罚在 2 年以下的轻罪案件犯罪嫌疑人和被告人，若继续犯罪或逃跑后按通缉决定逮捕的，也可适用羁押。

4. 对正在怀孕或者养育36 个月以下孩子的妇女以及具有明确住所和履历的老弱、患严重疾病的犯罪嫌疑人、被告人不适用羁押措施，而适用其他强制措施，但以下情形除外：

（1）逃跑并按通缉决定逮捕的；

（2）继续犯罪的；

（3）有收买、强迫、唆使他人作伪证或提供虚假材料，销毁、伪造案件的证据、文件和物品，转移与案件有关的财产，威胁、控制和报复证人、被害人、告发人及其亲属等行为的；

（4）侵害国家安宁的犯罪嫌疑人和被告人，并有充分确定的根据若不羁押就会危害到国家安全的。

5. 本法典第 113 条第 1 款所规定的有权人员可以作出羁押令、羁押决定。本法典第 113 条第 1 款第（1）项规定的人员所作出的羁押令，在执行之前须经同级检察院批准。检察院自收到其羁押令、提请批准羁押文书和其它相关羁押案卷材料 3 日内须作出批准或不批准的决定。批准审查结束后，检察院要将案卷材料退还给侦查机关。

6. 侦查机关要检查被羁押人的身份并立即通知被羁押人的家属及其居住地的乡、坊、镇政府或者其工作学习的机关、组织。

第 120 条　被拘押人、被羁押人的财产保管及其亲属照护

1. 若被拘押人、被羁押人的亲属是没有照护人的残疾、老弱、精神上有问题的人，则由其他亲属照护；若没有其他亲属的，则作出拘押决定、羁押令或羁押决定的机关将其亲属交给当地的乡、坊、镇政府机关照护。被拘押人、被羁押人的未成年子女的养育和照护问题按照《拘押、羁押执行法》的规定执行。

2. 被拘押人、被羁押人有住房或其他财产而没人看护保管的，作出拘押决定、羁押令或羁押决定的机关要采取办法保管。

3. 作出拘押决定、羁押令或羁押决定的机关要告知被拘押人、被羁押人关于其亲属照护和财产保管的情况。告知情形要作笔录存入案卷。

第 121 条　保证人取保

1. 保证人取保是羁押的替代强制措施。根据犯罪嫌疑人、被告人的身份和其行为对社会的危险性质和程度，侦查机关、检察院、法院可以决定允许其进行保证人取保。

2. 机关、组织可以在本机关、组织人员作为犯罪嫌疑人、被告人时作为取保人。取保的机关和组织须出具保证书并经过该机关、组织负责人的确认。

年满 18 岁、具有良好身份、严格遵守法律规定、收入稳定并具有管理被取保人条件的个人，可以在其亲属是犯罪嫌疑人、被告人时作为取保人，该情形最少要有两个取保人。取保的个人须出具经其住所地的乡、坊、镇政府或者其工作学习的机关单位确认的保证书。

在保证书中，取保的机关、组织和个人须承诺不让犯罪嫌疑人、被告人违反本条第 3 款所规定的义务。取保的机关、组织和个人有权获告知与取保有关的案件情节。

3. 被取保的犯罪嫌疑人、被告人须出具保证书保证履行以下义务：

（1）除不可抗力的情形或者有客观障碍理由外，要随传随到；

（2）不逃跑或者继续犯罪；

（3）不得收买、强迫、唆使他人作伪证或提供虚假材料，销毁、伪造案件的证据、文件和物品，转移与案件有关的财产；不得威胁、控制和报复证人、被害人、告发人及其亲属。

犯罪嫌疑人、被告人违反本款规定之义务的，予以羁押。

4. 本法典第 113 条第 1 款所规定的人员以及开庭的审判长有权作出保证人取保决定。本法典第 113 条第 1 款第（1）项所规定人员作出的决定在执行之前要经过同级检察院批准。

5. 保证人的保证期限不得超过本法典规定的侦查、起诉和审判期限。对被判有期徒刑的人进行取保，其保证期限不得超过自宣判之日至交付服刑之日。

6. 取保的机关、组织和个人若让被取保的犯罪嫌疑人、被告人违反其所承诺义务的，则根据违反的性质和程度依法对其予以罚款。

第 122 条　保证金取保

1. 保证金取保是羁押的替代强制措施。根据犯罪嫌疑人、被告人的身份和其行为对社会的危险性质和程度，以及其财产情况，侦查机关、检察院、法院可以决定让犯罪嫌疑人、被告人及其亲属缴纳保证金进行取保。

2. 被保证金取保的犯罪嫌疑人和被告人须出具保证书履行以下义务：

（1）除不可抗力的情形或者有客观障碍理由外，要随传随到；

（2）不逃跑或者继续犯罪；

（3）不得收买、强迫、唆使他人作伪证或提供虚假材料，销毁、伪造案件的证据、文件和物品，转移与案件有关的财产；不得威胁、控制和报复证人、被害人、告发人及其亲属。

犯罪嫌疑人、被告人违反本款规定之义务的，予以羁押，已缴纳的保证金予以没收并上缴国库。

3. 本法典第 113 条第 1 款所规定的人员及开庭的审判长有权作出保证金取保决定。本法典第 113 条第 1 款第（1）项所规定人员作出的决定在执行之前须经过同级检察院批准。

4. 保证金取保期限不得超过本法典规定的侦查、起诉和审判期限。对被判有期徒刑的人进行保证金取保，其保证期限不得超过自宣判之日至交付服刑之日。若犯罪嫌疑人、被告人充分履行了所承诺的义务，检察院和法院则有责任退还他们已缴纳的保证金。

5. 获侦查机关、检察院、法院同意为犯罪嫌疑人、被告人缴纳保证金的亲属，要出具保证书保证不让犯罪嫌疑人、被告人违反本条第 2 款的义务，若有违反，则已缴纳的保证金予以没收并上缴国库。在出具保证书时，该亲属有权获告知与犯罪嫌疑人、被告人有关的案件情节。

6. 由公安部部长主持，最高人民检察院检察长、最高人民法院院长和国防部长予以配合，制定缴纳保证金的程序、手续和额度以及对已缴纳保证金进行扣押、退还、没收、上缴国库的实施细则。

第 123 条 禁止离开居住地

1. 禁止离开居住地是羁押的替代强制措施，可以适用于具有明确居住地和身份履历的犯罪嫌疑人、被告人，以保证他们按照侦查机关、检察院、法院的传唤书随传随到。

2. 被禁止离开居住地的犯罪嫌疑人、被告人须出具保证书履行以下义务：

（1）未经过签发禁止离开居住地令的机关许可，不得离开居住地；

（2）除不可抗力或者客观阻碍理由外，要随传随到；

（3）不逃跑或者继续犯罪；

（4）不得收买、强迫、唆使他人作伪证或提供虚假材料，销毁、伪造案件的证据、文件和物品，转移与案件有关的财产；不得威胁、控制和报复证人、被害人、告发人及其亲属。

犯罪嫌疑人、被告人违反本款规定之义务的，予以羁押。

3. 本法典第 113 条第 1 款所规定的人员及开庭的审判长、边防派出所所长有权签发禁止离开居住地令。

4. 禁止离开居住地的期限不得超过本法典规定的侦查、起诉和审判期限。对被判有期徒刑的人适用禁止离开居住地的，期限不得超过自宣判之日至交付服刑之日。

5. 签发禁止离开居住地令的人要将该强制措施适用事项通

报给犯罪嫌疑人、被告人居住的乡、坊、镇的政府机关或正在管理犯罪嫌疑人和被告人的军队单位，让这些单位跟踪管理犯罪嫌疑人、被告人。

犯罪嫌疑人、被告人有不可抗力和客观理由须暂时离开居住地的，则要经过其居住地的乡、坊、镇政府机关或正在管理的军队机关同意，并要有禁止离开居住地令签发人的许可书。

6. 犯罪嫌疑人、被告人违反所保证履行之义务的，其居住的乡、坊、镇的政府机关或正在管理犯罪嫌疑人和被告人的军队单位，要立即告知签发禁止离开居住地令的机关依法处理。

第124条 暂缓出境

1. 对于以下有根据确认其出境可能逃跑的人，可以暂缓其出境：

（1）经过检查、确认，有足够根据确定其涉嫌犯罪的被告发人、被要求立案人，认为有必要立即阻止其逃跑或者销毁证据的；

（2）犯罪嫌疑人、被告人。

2. 本法典第113条第1款所规定的人员以及开庭的审判长有权作出暂缓出境决定。本法典第113条第1款第（1）项所规定人员作出的暂缓出境决定在执行之前要通报同级检察院。

3. 暂缓出境期限不得超过本法典规定的犯罪信息来源处理、侦查、起诉和审判期限。对被判有期徒刑的人暂缓出境，期限不得超过自宣判之日至交付服刑之日。

第125条 强制措施的撤销或变更

1. 任何强制措施有以下情形之一的，都必须撤销：

（1）决定不作刑事立案的；

（2）终止侦查、终止案件的；

（3）对犯罪嫌疑人终止侦查、终止案件的；

（4）法院宣判被告无罪、免除刑事责任、免除刑罚、缓刑，或警告、罚金、非羁押改造等刑罚措施的。

2. 侦查机关、检察院、法院认为无须再采取强制措施或可以变更为其他强制措施的，应撤销该强制措施。

在侦查过程中由检察院批准的强制措施，其撤销和变更须由检察院决定；强制措施期限届满 10 天之前，除由检察院批准的拘押措施外，提请采取该强制措施的机关要通知检察院，以便检察院作出撤销或者变更其他强制措施的决定。

第二节　强制办法

第 126 条　各种强制办法

为了保障立案、侦查、起诉、审判、执行等活动的进行，有权诉讼机关、人员在自己的权限范围内可以适用押解、引解、查封财产、冻结账户等措施。

第 127 条　押解、引解

1. 押解可以适用于紧急情况被拘留人、被控罪人。

2. 引解可以适用于：

（1）无不可抗力或者客观障碍理由而不按照传票到场的证人；

（2）无不可抗力或者客观障碍理由而拒绝按照有权诉讼机关征求鉴定决定进行鉴定的被害人；

（3）经过检查、确认有足够根据确定其与已立案犯罪行为相关的被告发人、被要求立案人，在传唤之后无不可抗力或者客观障碍理由不到案的。

3. 侦查员、被授权进行部分侦查活动机关首长、检察员、开庭的审判长、合议庭有权作出押解、引解决定。

4. 押解、引解的决定要写明被押解、引解人的姓名、出生日期、住所地，被押解、引解人须到场的时间和地点，以及本法典第 132 条第 2 款规定的内容。

5. 执行押解、引解的人员要宣读并解释押解、引解决定书，并按照本法典第 133 条规定对押解、引解事项作笔录。

有管辖权的人民公安、人民军队机关负责组织执行押解、引解决定。

6. 执行押解、引解事项不得在夜间启动；不能押解、引解老弱人员及经医疗机关确认的重症病人。

第 128 条 查封财产

1. 查封财产只适用于按《刑法典》规定处以罚金、没收财产的犯罪案件或为保障损害赔偿案件的犯罪嫌疑人和被告人。

2. 本法典第 113 条第 1 款所规定的人员、开庭的审判长有权签发财产查封令。本法典第 113 条第 1 款第（1）项所规定人员签发的财产查封令在执行之前要通报同级检察院。

3. 只查封与罚金、没收财产或损害赔偿额度相当的财产。被查封的财产交给财产所有人、合法管理人或者其亲属保管。保管人有消费、转让、调换、藏匿、毁坏被查封财产的，要依据《刑法典》规定承担刑事责任。

4. 查封财产时，须以下人员到场：

（1）犯罪嫌疑人、被告人，或其法定代理人或满 18 岁以上的家属；

（2）查封财产所在地的乡、坊、镇政府代表；

（3）见证人。

进行财产查封的人员要作查封记录，写明每一个被查封财产的名称和状况。查封记录按照本法典第 178 条的规定进行，向到场人员宣读并须共同签名。本款第（1）项人员关于财产查封的意见和申诉要写入记录，并由其与查封人员进行签名确认。

财产查封记录一式四份，财产查封结束后立即交给本款第（1）项人员一份，交给查封财产所在地的乡、坊、镇政府一份，交给同级检察院一份，留存案卷一份。

第 129 条　冻结账户

1. 冻结账户只适用于按《刑法典》规定处以罚金、没收财产的犯罪案件或为保障损害赔偿案件的被控罪人，在确定该被控罪人拥有信用组织或国库的账户时适用。如果有证据表明其他人账户的款项与被控罪人的犯罪行为相关的，也可冻结其他人的账户。

2. 本法典第 113 条第 1 款所规定的人员以及开庭的审判长有权签发账户冻结令。本法典第 113 条第 1 款第（1）项所规定人员签发的账户冻结令在执行之前要通报同级检察院。

3. 只冻结账户中与所处罚金、没收财产或者损害赔偿额度相当的金额。被交付执行、管理冻结账户的人擅自解除冻结账户的，须按照《刑法典》的规定承担刑事责任。

4. 在执行冻结账户时，有权诉讼机关须将冻结账户决定交给正在管理被控罪者或其他人账户的信用机关或者国库。冻结账户令的交接事项须按本法典第 178 条的规定作笔录。

接到冻结账户令之后，正在管理被逮捕人、被拘押人、犯罪嫌疑人、被告人账户或其他人与这些人犯罪行为有关的账户的信用组织或国库，必须立即进行账户冻结，并将冻结事项作成笔录。

冻结账户的笔录一式五份，一份交给被控罪人，一份交给与被控罪人相关的其他人；一份交给同级的检察院，一份存入卷宗，一份留存信用组织或者国库。

第 130 条　撤销财产查封、账户冻结

1. 有以下情形之一的，撤销财产查封、账户冻结：

（1）终止侦查、终止案件的；

（2）对犯罪嫌疑人终止侦查、终止案件的；

（3）法院宣判被告人无罪的；

（4）被告人不被判处罚金、没收财产与损害赔偿的。

2. 侦查机关、检察院和法院认为不再有必要时，撤销财产查封、账户冻结。

对于侦查、起诉阶段的财产查封、账户冻结，在作出撤销或变更决定之前要通报检察院。

第八章　案件卷宗、诉讼文书、诉讼期限和费用

第 131 条　案件卷宗

1. 在诉讼的立案、侦查阶段，侦查机关须建立案件卷宗。

2. 案件卷宗包括：

（1）侦查机关、检察院的令状、决定、要求；

（2）由侦查机关、检察院作的各种诉讼活动笔录；

（3）跟案件有关的证据和材料。

3. 检察院、法院在起诉、审判过程中收集的证据和材料须存入案件卷宗。

4. 案件卷宗要附上材料清单。材料清单需要载明材料名称、页码及材料特点（若有）。如果案件卷宗有补充材料的，则须有补充材料清单。案件卷宗要按照法律规定进行管理、储存、使用。

第 132 条 诉讼文书

1. 诉讼文书是诉讼活动中按照规范样式作出的令状、决定、要求、侦查结论、起诉书、判决书或其他诉讼文书。

2. 诉讼文书载明：

（1）诉讼文书签发的编号、日期和地点；

（2）诉讼文书签发的依据；

（3）诉讼文书的内容；

（4）诉讼文书签发人的姓名、职位、签字并盖章。

第 133 条 笔录

1. 进行诉讼活动时，必须按照规范样式做笔录。

笔录要载明诉讼活动进行的地点和年、月、日、时，开始及结束时间，诉讼活动内容，有权诉讼工作人员、诉讼参加人员或者诉讼活动有关人员及其申诉、要求和建议。

2. 笔录上要有本法典规定人员的签名。笔录上的修改、添加、减少、删除地方要有他们签名确认。

诉讼参加人员拒不签名的，作笔录的人要写明其理由并请见证人在笔录上签名。

诉讼参加人员不认识字的，作笔录的人要在见证人在场见证下宣读笔录给他们听。笔录要由诉讼参加人员按指纹及见证人签名。

诉讼参加人员有精神、生理上的缺陷或其他理由不能在笔录上签名的，作笔录人要在见证人及其他诉讼参加人员在场见证下宣读笔录给他们听。笔录要有见证人员的签名。

第 134 条　期间的计算

1. 本法典所规定的期间按照年、月、日、时计算。夜间是指从晚上 22 时到次日上午 6 时。

以日为单位计算期间的，期间届满时间是最后一日的 24 时。

以月为单位计算期间的，期间届满时间是最后一个月的同一日期；如果该月没有相同的日期，则届满于该月的最后一日；如果期间届满于休息日，则将休息日之后的第一个工作日作为期间的最后一日。

拘押和羁押期限的届满时间根据记录在拘押、羁押命令或决定中的时间计算。如果期限是按月计算的，则 1 个月将计算为 30 天。

2. 相关单证或文书通过邮政寄送的，期间则按寄出地的邮戳时间起算。如果单证或文书通过监押机构转达的，期间则自拘留所负责人、边防派出所的拘留室负责人、看守所负责人或监狱负责人收到单证或文书之日起计算。

第 135 条　诉讼费用

1. 诉讼费用包括案费、例费及其他诉讼费用。

2. 案费包括刑事初审、复审的案费，刑事附带民事初审、复审的案费。

3. 例费包括提供有权诉讼机关的判决书、决定书、其他文件副本的费用，以及法律规定的其他例费。

4. 其他诉讼费用包括：

（1）给证人、翻译人员、编译人员以及指定辩护人的费用；

（2）鉴定费、财产评估费用；

（3）按照法律规定的其他费用。

第 136 条　支付诉讼费、例费的责任

1. 本法典第 135 条第 4 款所规定的费用由作出要求、征求、指定的机关、个人支付；国家法律援助中心指派辩护人的费用由该中心支付。

2. 案费依法由被判决人或国家承担。被判决人须按照法院的决定支付案费。案费数额及其适用依据要在法院的判决和决定中载明。

3. 在案件是按照被害人要求立案的情形，如果法院宣布被告人无罪或者按照被本法典第 155 条第 2 款规定终止案件的，被害人则要支付案费。

4. 对于由诉讼参加人员要求进行的诉讼活动，其例费和相关费用的支付依法律规定。

第 137 条　诉讼文书的交付、送达、转交、邮寄、公告或通报

1. 诉讼文书的交付、送达、转交、邮寄、公告、通报按以下方式进行：

（1）直接交付、送达、转交；

（2）通过邮寄服务；

（3）张贴公告；

（4）通过大众传媒通报。

2. 诉讼文书的交付、送达、转交、邮寄、公告、通报须按

本法典规定进行。

第138条 诉讼文书直接交付、送达、转交的手续

1. 诉讼文书交付、送达、转交的执行人员须直接将诉讼文书移交给接收人。接收人须在交接笔录或交接册上签名。诉讼期间自他们在交接笔录或交接册上签名时起算。

2. 若诉讼文书接收人不在，可将诉讼文书交给其具有完全民事行为能力的亲属签收，并要求其保证立即交给接收人。亲属的签名日期是诉讼文书交付的日期。

若不能将诉讼文书交给本款所规定的人，可交给其住所地的乡、坊、镇政府机关或其工作、学习的机关、组织。机关、组织要将诉讼文书的交付结果立即通报要求交付的有权诉讼机关，机关、组织的签名日期是诉讼文书交付的日期。

3. 若诉讼文书接收人不在，或其地址不明，执行人员要将不能执行交付、送达的情形记入笔录并要有接收人住所地、工作、学习的机关、组织确认。

接收人拒绝接收诉讼文书的，执行人员要将拒绝接收文件的情形记入笔录并有其住所地的乡、坊、镇政府机关或其工作、学习的机关、组织的确认。

4. 若诉讼文书的接收人是机关、组织，则直接将诉讼文书交给该机关、组织的法定代理人，并要求其签收。诉讼期间自接收人在交接笔录或交接册上签名时起算。

第139条 通过邮寄方式寄送诉讼文书的手续

邮寄诉讼文书要通过挂号信并有诉讼文书接收者的回执确认。回执要交回给有权诉讼机关。诉讼期间自他们的回执确认收到诉讼文书的日期起算。

第 140 条 诉讼文书张贴公告的手续

1. 诉讼文书张贴公告适用于接收人住址不明或下落不明的情形。

2. 诉讼文书公开张贴于接收人最后住所的乡、坊、镇人民政府或工作、学习的机关、组织办公地。

诉讼文书从公开张贴日起至少要公告 15 日。张贴公告事项要作笔录，载明张贴公告的年、月、日。

诉讼期间自公告结束之日起算。

第 141 条 通过大众传媒通报的手续

1. 通过大众传媒通报适用于张贴公告无结果或法律规定的其他情形。

2. 通过大众传媒通报要在中央级日报上连续登载 3 期，并在中央广播电台或中央电视台上连续播出 3 天。

诉讼期间自通报结束日起算。

第 142 条 诉讼文书交付、送达、转交、邮寄、公告、通报的责任

1. 有权诉讼机关和人员要依照本法典规定将诉讼文书交付、送达、转交、邮寄、公告、通报诉讼参加人员和相关机关、组织、个人。

2. 负责诉讼文书交付、送达、转交、邮寄、公告、通报的人不按法律规定执行任务或者不充分执行的，按照其违反性质和程度依法予以纪律处分或行政处罚。

第二部分　刑事立案与侦查

第九章　刑事立案

第 143 条　刑事立案的依据

只有在确定有犯罪迹象后才能立案。确定犯罪迹象基于以下依据：

1. 个人告发书；

2. 机关、组织和个人的报案；

3. 大众传媒的爆料信息；

4. 国家机关的立案建议；

5. 有权诉讼机关直接发现的犯罪迹象；

6. 犯罪者自首。

第 144 条　对犯罪的告发、报案与立案建议

1. 告发犯罪是指个人发现犯罪行为迹象并向有权机关告发的行为。

2. 报案是由机关、组织或个人将具有犯罪迹象的案件信息报知有权机关，或在大众传播媒介上爆料有关犯罪的信息。

3. 立案建议是指国家主管机关以书面形式提出并附上有关证据、材料建议有管辖权的侦查机关、检察院审查、处理犯罪迹象案件的行为。

4. 告发犯罪和报案可以通过口头或书面形式进行。

5. 故意以虚假事实告发、报案的，根据其行为的性质、程度依法予以纪律处分、行政处罚或追究刑事责任。

第 145 条　告发、报案与立案建议的接收责任与处理权限分工

1. 所有关于犯罪的告发、报案与立案建议都必须得到充分接收、及时处理。负责接收的机关和组织不得拒绝接收对犯罪的告发、报案与立案建议。

2. 负责接收告发、报案与立案建议的机关包括：

（1）侦查机关、检察院接收告发、报案与立案建议；

（2）其他机关、组织接收告发、报案与立案建议。

3. 处理告发、报案与立案建议的权限分工：

（1）侦查机关有权在自己权限范围内处理告发、报案与立案建议；

（2）获授权进行部分侦查活动机关有权在自己的侦查权限范围内处理告发、报案与立案建议；

（3）检察院发现侦查机关或获授权进行部分侦查活动机关在检查、确认告发、报案与立案建议事项活动中存在严重违法行为或有遗漏犯罪情形，并经检察院书面提出建议但仍未纠正的，有权自己处理告发、报案与立案建议。

4. 负责处理告发、报案与立案建议的机关应将案件的处理结果告知告发、报案与提出立案建议的机关、组织、个人。

第 146 条　接收告发、报案与立案建议的手续

1. 机关、组织和个人直接告发、报案、提出立案建议的，本法典第 145 条第 2 款规定的侦查机关、检察机关和获授权进行部分侦查活动机关要将接收过程作成笔录并记入接收簿中；可

以对接收活动录音录像。

通过邮政、电话或其他通讯方式告发、报案、提出立案建议的，应记录在接收簿中。

2. 发现告发、报案、立案建议案件不属于自己管辖范围的，侦查机关、获授权进行部分侦查活动机关有责任立即将已接收的告发、报案、立案建议随附相关材料移交给有管辖权的机关。

检察院有责任立即将已接收的告发、报案、立案建议随附相关材料移交给有管辖权的侦查机关。

对于本法典第145条第3款第（3）项规定的情形，自检察院提出要求后的5天内，正在受理、处理告发、报案、立案建议事项的有权机关必须将相关案卷材料移交给检察院进行审查、处理。

3. 坊、镇公安派出所有责任接收告发、报案，将接收情况作笔录，进行初步审查和核实，并立即将告发、报案随附相关材料和物品移交有管辖权的侦查机关。

乡公安有责任接收告发、报案，将接收情况作笔录，进行首次询问，并立即将告发、报案随附相关材料和物品移交有管辖权的侦查机关。

4. 其他机关和组织收到犯罪案件告发、报案后，应立即移交给有管辖权的侦查机关。情况紧急的，可以通过电话或其他方式直接报告给侦查机关，但事后要补充书面文本。

5. 接收告发、报案、立案建议后的3日内，侦查机关、获授权进行部分侦查活动机关有责任以书面形式将接收事项通报同级检察院或主管检察院。

第 147 条　处理告发、报案、立案建议的期限、手续

1. 在收到有关犯罪的告发、报案、立案建议后的 20 日内，侦查机关、获授权进行部分侦查活动机关必须审查、确定并做出以下决定之一：

（1）决定作刑事立案；

（2）决定不作刑事立案；

（3）决定中止处理告发、报案、立案建议。

2. 如果有关犯罪的告发、报案、立案建议有许多复杂情节或需要在多地进行审查和核实，则处理告发、报案、立案建议的期限可以延长，但不能超过 2 个月。如果不能在本款规定的期限内完成检查和核实，则同级检察院检察长或主管检察院检察长可以再延长一次，但不得超过 2 个月。

至迟在本款规定的审查和核实期限届满的 5 日前，侦查机关、获授权进行部分侦查活动机关要以书面形式向同级检察院或主管检察院申请延长审查和核实期限。

3. 有权机关在处理告发、报案、立案建议时，有权进行以下活动：

（1）从相关机关、组织和个人处收集信息、材料和物品，以检查和核实信息来源；

（2）现场勘验；

（3）尸体检验；

（4）征求鉴定，要求财产评估。

4. 检察院处理告发、报案、立案建议的程序、手续和期限，按照本条的规定执行。

第 148 条　中止处理告发、报案、立案建议

1. 在本法典第 147 条规定的期限届满时，有下列情形之一的，有处理权的机关决定中止处理告发、报案、立案建议：

（1）已征求鉴定、要求财产评估、要求国外提供司法协助，但尚没有结果的；

（2）已要求机关、组织、个人提供对立案或不立案具有决定性意义的重要材料和物品，但尚没有结果的。

2. 在作出中止处理告发、报案、立案建议决定后的 24 小时内，侦查机关、获授权进行部分侦查活动机关有责任将中止决定随附相关材料移送同级检察院或主管检察院进行检察，并将中止决定送达告发、报案、提出立案建议的机关、组织、个人。

如果中止决定无依据，检察院有权作出撤销中止决定，要求继续处理。检察院须在作出撤销中止决定的 24 小时内，将撤销决定交给侦查机关、获授权进行部分侦查活动机关，以及告发、报案、提出立案建议的机关、组织、个人。继续处理告发、报案、立案建议的期限为自侦查机关、获授权进行部分侦查活动机关收到撤销决定之日起不超过 1 个月。

3. 中止处理告发、报案、立案建议的，鉴定、财产评估、司法协助等事项仍要继续进行，直到得出结果为止。

第 149 条　恢复处理告发、报案、立案建议

1. 当中止处理告发、报案、立案建议的理由不复存在时，侦查机关、获授权进行部分侦查活动机关应作出恢复处理告发、报案、立案建议决定。继续处理告发、报案、立案建议的期限为自作出恢复决定之日起不超过 1 个月。

2. 作出恢复中止处理告发、报案、立案建议决定后的 3 日内，侦查机关、获授权进行部分侦查活动机关须将恢复决定交付同级检察院或主管检察院，以及告发、报案、提出立案建议的机关、组织、个人。

第150条 解决有关处理告发、报案、立案建议的管辖权争议

1. 有关处理告发、报案、立案建议的管辖权争议由上级检察院直接解决。获授权进行部分侦查活动机关处理告发、报案、立案建议的管辖权争议由主管检察院解决。

2. 省级侦查机关之间，以及军区级军事侦查机关之间有关处理告发、报案、立案建议的管辖权争议由最高人民检察院和中央军事检察院决定。隶属于不同省、直辖市的县级侦查机关之间，以及隶属于不同军区的区域军事侦查机关之间有关处理告发、报案、立案建议的管辖权争议，由最初接收告发、报案、立案建议所在地的省级检察院、军区的军事检察院解决。

3. 人民公安侦查机关、人民军队侦查机关、最高人民检察院侦查机关之间有关处理告发、报案、立案建议的管辖权争议，由最高人民检察院检察长解决。

第151条 处理由有权诉讼机关直接发现的犯罪迹象案件

有权诉讼机关直接发现犯罪迹象案件的，则根据其权限决定立案事项，或者移送有管辖权的侦查机关处理。

第152条 犯罪者自首、投案

1. 犯罪者自首、投案时，接受的机关、组织须制作笔录，载明自首、投案者的姓名、年龄、职业、住所和供述。接受犯罪者自首、投案的机关、组织，应当立即通知侦查机关或检察院。

2. 确定犯罪者自首、投案的犯罪案件不属于自己侦查管辖的，则该侦查机关须立即通知有管辖权的侦查机关接收、处理。

3. 有管辖权的侦查机关在接受犯罪者自首、投案后的 24 小时内，须以书面形式通知同级的检察院。

第 153 条　刑事立案的权限分工

1. 所有具有犯罪迹象的刑事案件立案都由侦查机关决定，但本条第 2、3、4 款规定由获授权进行部分侦查活动机关、检察院、合议庭正在受理、处理的案件除外。

2. 获授权进行部分侦查活动机关对本法典第 164 条规定的情形作出刑事立案决定。

3. 以下情形由检察院作出刑事立案决定：

（1）检察机关撤销了侦查机关、获授权进行部分侦查活动机关不立案的决定；

（2）检察院直接处理告发、报案、立案建议的；

（3）检察院直接发现犯罪迹象或按照合议庭的要求立案的。

4. 在审判过程中发现有遗漏犯罪的，合议庭作出立案决定或要求检察院立案。

第 154 条　刑事立案决定

1. 刑事立案决定须载明立案依据、适用的《刑法典》条款，以及本法典第 132 条第 2 款规定的内容。

2. 检察院在作出刑事立案决定后的 24 小时内，须将该决定送交有管辖权的侦查机关进行侦查。

侦查机关、获授权进行部分侦查活动机关在作出刑事立案决定后 24 小时内，须将该决定连同有关材料一起移送主管检察院以进行立案检察。

法院在作出刑事立案决定后的 24 小时内，须将该决定连同有关材料一起移送同级检察院。

第 155 条　应被害人的要求作刑事立案

1. 只有对《刑法典》第 134、135、136、138、139、141、143、155、156 和 226 条等条文第 1 款规定的犯罪，才能应被害人或 18 岁以下、精神病人、有生理缺陷或已经死亡被害者的法定代理人之要求进行刑事立案。

2. 如果要求刑事立案的人撤回立案请求，则必须终止该案，但有依据确定撤回立案请求的人是由于受到威胁、强迫而违背他们意愿的，即便已撤回立案请求，侦查机关、检察院、法院仍应继续对案件进行诉讼。

3. 被害人或其法定代理人撤回刑事立案请求后，就无权再次要求立案，但因受到威胁、强迫而撤回请求的情况除外。

第 156 条　变更或补充刑事立案决定

1. 侦查机关、获授权进行部分侦查活动机关和检察院在有根据确定已作出的刑事立案决定与所发生的犯罪行为不符时，应作出变更刑事立案的决定；若有根据确定尚有其他犯罪未被立案的，则应作出补充刑事立案的决定。

2. 侦查机关、获授权进行部分侦查活动机关做出变更或补充刑事立案决定后的 24 小时内，须将该决定连同与变更或补充刑事立案决定相关的材料移交同级检察院或主管检察院进行立案检察。

检察院作出变更或者补充刑事立案决定后的 24 小时内，须将该决定送交侦查机关进行侦查。

第 157 条　不作刑事立案的依据

存在以下情形之一的，不得作刑事立案：

1. 没有犯罪事实的；

2. 行为不构成犯罪的；

3. 实施危害社会行为人未达到刑事责任年龄的；

4. 犯罪行为已有法律上生效的判决或决定终止案件的；

5. 已过刑事责任追诉时效的；

6. 犯罪已获大赦的；

7. 实施危害社会行为人已死亡的，但对于他人有再审必要的除外；

8.《刑法典》第 134、135、136、138、139、141、143、155、156 和 226 条等条文第 1 款规定的犯罪，被害人或其法定代理人不要求刑事立案的。

第 158 条 不作刑事立案决定、撤销刑事立案决定

1. 属于本法典第 157 条规定的情形之一的，有刑事立案决定权的人应作出不作刑事立案的决定；已作刑事立案的，则必须作出撤销刑事立案决定，并通知告发、报案、提出立案建议的机关、组织、个人，说明撤销理由。如果认为有必要适用其他措施进行处理，则将卷宗移交有权机关处理。

不作刑事立案决定、撤销刑事立案决定及有关材料须自作出决定时起 24 小时内移送同级检察院或主管检察院。

2. 告发、报案的机关、组织、个人对不作刑事立案决定有申诉权。处理申诉的权限和程序依据本法典第三十三章的规定执行。

第 159 条 检察院在犯罪信息来源处理工作中行使公诉权的任务和权限

1. 在犯罪信息来源处理事项中，依据本法典规定批准或不批准紧急情况拘留、延长拘押；批准或不批准限制人权、公民权的其他措施。

2. 必要时，提出审查、核实要求，并要求处理犯罪信息来源的机关实施。

3. 决定延长处理告发、报案、立案建议的期限；决定刑事立案。

4. 要求侦查机关、获授权进行部分侦查活动机关作刑事立案。

5. 在本法典规定情形中，直接处理告发、报案、立案建议。

6. 撤销侦查机关、获授权进行部分侦查活动机关违法的拘押决定、刑事立案决定、不作刑事立案决定、中止处理犯罪信息来源决定以及其他决定。

7. 在行使公诉权过程中依据本法典规定实施其他权限和任务，以做到不枉不纵。

第 160 条　检察院在接收和检察犯罪信息来源处理工作中的任务和权限

1. 充分接收由机关、组织、个人转来的告发、报案、立案建议，接收犯罪者自首、投案，并立即将其移送给有管辖权的侦查机关处理。

2. 检察侦查机关、获授权进行部分侦查活动机关在处理犯罪信息来源事项中的接收、审查、核实及建立卷宗工作；检察中止处理犯罪信息来源事项；检察犯罪信息来源的恢复处理事项。

3. 发现侦查机关、获授权进行部分侦查活动机关在接收、处理犯罪信息来源事项中存在不充分和违法行为时，要求其进行以下活动：

（1）处理犯罪信息来源时，要充分、依法地接收、审查、核实并作出决定；

（2）检查犯罪信息来源的接收和处理，并将结果通报检察院；

（3）提供在接收和处理犯罪信息来源事项中有关违反法律的材料；

（4）纠正违法行为并严格处理违法者；

（5）要求更换侦查员和侦查干部。

4. 解决有关处理犯罪信息来源的管辖权争议。

5. 要求侦查机关、获授权进行部分侦查活动机关提供相关材料，以实现对犯罪信息来源处理工作的检察。

6. 根据本法典规定实施其他任务和权限以检察犯罪信息来源的接收和处理工作。

第161条　检察院在刑事立案工作中行使公诉权和检察权的任务和权限

1. 检察院在刑事立案工作中行使公诉权时，具有以下任务和权限：

（1）要求侦查机关、获授权进行部分侦查活动机关进行刑事立案或变更、补充刑事立案决定；

（2）撤销无依据、不符合法律规定的刑事立案决定、变更或补充刑事立案决定、不作刑事立案决定；

（3）认为合议庭的刑事立案决定无依据的，检察院可向上一级法院抗诉；

（4）在本法典规定情形中，直接作出刑事立案、变更或补充刑事立案决定；

（5）根据本法典规定实施其他任务和权限以在刑事立案工作中行使公诉权。

2. 在检察刑事立案工作时，检察院具有以下任务和权限：

（1）对侦查机关、获授权进行部分侦查活动机关刑事立案工作的合法性进行检察，确保每一个被发现的犯罪都被刑事立案，且立案合法有据；

（2）要求侦查机关、获授权进行部分侦查活动机关提供相关材料，以检察刑事立案工作；

（3）根据本法典规定在检察刑事立案工作中实施其他任务和权限。

第 162 条　侦查机关、获授权进行部分侦查活动机关在刑事立案工作中执行检察院要求和决定的责任

1. 侦查机关、获授权进行部分侦查活动机关在刑事立案工作中必须执行检察院的要求和决定。

2. 对于本法典第 159 条第 1 款和第 6 款、第 161 条第 1 款第（2）项规定的决定，侦查机关、获授权进行部分侦查活动机关即便有不同意见，也必须执行，但有权向直接的上级检察院提出复议。自收到侦查机关的复议要求之日起 20 天内，或自收到获授权进行部分侦查活动机关的复议要求之日起 5 天内，该直接上级检察院应审查、处理并将复议结果通报提议机关。

第十章　刑事侦查的一般规定

第 163 条　侦查权限分工

1. 人民公安的侦查机关侦查所有犯罪，但属于人民军队侦查机关和最高人民检察院侦查机关侦查的犯罪除外。

2. 人民军队侦查机关对属于军事法院管辖范围内的犯罪进

行侦查。

3. 最高人民检察院、中央军事检察院的侦查机关，对侦查机关、法院、检察院、执行机关的干部、公职人员以及有权进行诉讼活动人员在司法活动中违反《刑法典》第二十三章、第二十四章规定的侵害司法活动罪、贪腐罪、职务犯罪进行侦查。

4. 侦查机关对发生在其管辖地域内的刑事案件有侦查权。如果犯罪发生在多地，或者犯罪地点不明，则由犯罪发现地、被告居住地或被逮捕地的侦查机关行使侦查权。

5. 侦查的级别权限分工如下：

（1）县级侦查机关、区域军事侦查机关侦查属于县级人民法院和区域军事法院管辖范围内的刑事案件；

（2）省级侦查机关侦查省级人民法院管辖范围内的刑事案件，或虽属县级人民法院管辖范围内的刑事案件，但涉及该省、直辖市多个县、郡、省辖市，有组织犯罪或有涉外因素的犯罪，认为有必要自己直接侦查的案件；

军区军事侦查机关侦查属于军区军事法院管辖的刑事案件，或虽属区域侦查机关侦查但认为有必要自己直接侦查的案件；

（3）公安部侦查机关、国防部侦查机关侦查被最高人民法院审判合议庭撤销要求重新侦查的特别严重犯罪案件，以及认为有必要自己直接侦查的涉及多省、直辖市的特别严重和复杂犯罪案件和涉及多个国家的特别严重和复杂犯罪案件。

第 164 条　获授权进行部分侦查活动的边防部队、海关、林检、海警、渔检以及人民公安和人民军队的其他机关的任务和权限

1. 当发现在自己管理的领域和地区内有犯罪迹象的行为时，

获授权进行部分侦查活动的边防部队、海关、林检、海警、渔检具有以下任务和权限：

（1）对于抓现行、证据和个人履历清晰的轻罪案件，有权作出刑事立案决定，对犯罪嫌疑人的立案决定，进行侦查，并自作刑事立案决定之日起 1 个月内，将案卷移送主管检察院；

（2）对于严重犯罪、非常严重犯罪、特别严重犯罪或轻罪但复杂的案件，有权作出刑事立案决定，进行初步侦查活动，并自作出刑事立案决定之日起 7 日内将案卷移送有管辖权的侦查机关。

2. 在人民公安和人民军队中，除了本法典第 163 条规定的侦查机关外，其他各机关在执行自己任务时也获授权进行部分侦查活动，如果发现有犯罪迹象的，则有权作出刑事立案决定，进行初步侦查活动，并自作出刑事立案决定之日起 7 日内将案卷移送有管辖权的侦查机关。

3. 各个获授权进行部分侦查活动的边防部队、海关、林检、海警、渔检以及人民公安和人民军队的其他机关必须正确实施本法典第 39 条和第 40 条规定的任务和权限，并遵守本法典规定的侦查活动原则、程序与手续。检察机关有责任依法对这些机关的侦查活动行使公诉权和检察权。

4. 获授权进行部分侦查活动的边防部队、海关、林检、海警、渔检以及人民公安和人民军队其他机关的侦查管辖权具体按照《刑事侦查机关组织法》的规定执行。

第 165 条　检察院在刑事侦查阶段行使公诉权的任务和权限

1. 要求侦查机关、获授权进行部分侦查活动机关立案或变更、补充刑事立案决定及对犯罪嫌疑人的立案决定。

2. 批准对犯罪嫌疑人的立案决定及变更、补充立案决定，或撤销无根据和非法对犯罪嫌疑人的立案决定和变更、补充立案决定。

3. 对本法典有规定的情形，直接进行刑事立案、对犯罪嫌疑人立案，以及变更、补充刑事立案、对犯罪嫌疑人的立案决定。

4. 批准或不批准逮捕紧急情况被拘留者，延长拘押期限，羁押，保证人取保，保证金取保，搜查，扣押，暂扣物品、信件、电报、邮件、邮政包裹，适用特殊侦查措施等决定、命令；依据本法典规定批准侦查机关、获授权进行部分侦查活动机关的其他诉讼决定，或不批准其无根据和非法的诉讼决定；撤销侦查机关、获授权进行部分侦查活动机关无根据和非法的诉讼决定。作出不批准或撤销决定的，必须在决定中说明不批准或撤销的理由。

5. 根据本法典规定，决定适用、变更或撤销强制措施和强制办法。

6. 提出侦查要求，并要求侦查机关、获授权进行部分侦查活动机关进行侦查，以查清犯罪事实和犯罪人；要求侦查机关通缉犯罪嫌疑人，适用特殊侦查措施。

7. 在审查批准侦查机关、获授权进行部分侦查活动机关的决定、命令时，或发现有冤、错、遗漏犯罪、违反法律的迹象，检察院已经提出书面要求但尚得到纠正的情况下，或者需要为案件起诉审查、核实材料、证据时，有权直接进行一些侦查活动以审查、核实材料、证据。

8. 在发现处理告发、报案、立案建议及负责立案、侦查事项的有权诉讼工作人员的行为有犯罪迹象时，对其进行刑事立案；要求侦查机关在发现处理告发、报案、立案建议及负责立案、侦查事项的有权诉讼工作人员的行为有犯罪迹象时，对其进行刑事立案。

9. 决定延长侦查期限、羁押期限；决定移送案件，适用简易程序，适用强制治疗措施；撤销拆分或合并案件的决定。

10. 根据本法典规定在行使公诉权时实施其他任务和权限。

第 166 条　检察院在检察刑事侦查时的任务和权限

1. 对侦查机关、获授权进行部分侦查活动机关在立案、侦查、建立卷宗事项的合法性进行检察。

2. 对诉讼参加人员的刑事诉讼活动进行检察；要求、建议有权机关、组织和个人严格处理违法的诉讼参加人员。

3. 解决侦查管辖权争议。

4. 必要时要求侦查机关、获授权进行部分侦查活动机关提供相关材料以检察其立案、侦查事项的合法性。

5. 在发现侦查行为不彻底或违反法律时，检察院有权要求侦查机关、获授权进行部分侦查活动机关进行以下侦查活动：

（1）依法进行侦查活动；

（2）对侦查行为进行检查并将结果通报检察院；

（3）提供与违法侦查行为和决定相关的材料。

6. 建议、要求侦查机关、获授权进行部分侦查活动机关纠正立案和侦查中的违法行为。

7. 要求侦查机关、获授权进行部分侦查活动机关首长更换侦查员、侦查干部，严格处理在诉讼活动中违法的侦查员、侦查干部。

8. 建议有关机关和组织采取各种措施预防犯罪和违法行为。

9. 根据本法典的规定在检察刑事案件侦查活动中实施其他任务和权限。

第 167 条　侦查机关、获授权进行部分侦查活动机关执行检察院在侦查期间提出的要求和决定的责任

1. 侦查机关、获授权进行部分侦查活动机关必须执行检察院在侦查期间提出的要求和决定。

2. 对于本法典第 165 条第 4 款和第 5 款的决定，侦查机关、获授权进行部分侦查活动机关即便有不同意见，也必须执行，但有权向直接的上级检察院提出复议。自收到侦查机关的复议要求之日起 20 日内，或自收到获授权进行部分侦查活动机关的复议要求之日起 5 日内，该直接上级检察院应审查、处理并将复议结果通报提议机关。

第 168 条　机关、组织和个人在执行侦查机关、获授权进行部分侦查活动机关以及检察院的决定和要求事项中的责任

机关、组织和个人要严格执行侦查机关、获授权进行部分侦查活动机关以及检察院在刑事侦查阶段作出的决定和要求；若非因不可抗力或客观障碍因素而不执行的，则应依法予以处理。

第 169 条　侦查案件的转移

1. 具有下列情形之一的，由同级检察院决定侦查案件的转移：

（1）同级侦查机关认为案件不属于其侦查管辖范围，提出转移案件的；

（2）上级侦查机关撤回侦查案件的；

（3）被回避的侦查员是侦查机关首长的；

（4）检察院已要求转移案件但侦查机关不执行的。

2. 将案件转移出本省、直辖市或军区范围以外的，由省级人民检察院或军区军事检察院决定。

3. 根据权限转移侦查案件的手续：

（1）在收到侦查机关提请之日起 3 日内，主管检察院须作出转移案件的决定；

（2）自作出转移侦查案件决定后的 24 小时内，检察院须将该决定交付正在侦查该案件的侦查机关、负责继续侦查该案件的侦查机关、犯罪嫌疑人或其法定代理人、辩护人、被害人和有管辖权的检察院。

4. 正在侦查案件的侦查机关在收到转移案件决定书之日起 3 日内，将案件卷宗移送负责继续侦查案件的侦查机关。

5. 侦查期限自侦查机关收到案件卷宗之日起继续计算至按照本法典规定的案件侦查期限届满。侦查期限届满无法完成侦查的，有管辖权的检察院根据本法典规定的一般程序审查、决定延长侦查期限。

第 170 条　刑事侦查案件的合并或拆分

1. 有下列情形之一的，侦查机关可以根据权限进行合并侦查：

（1）犯罪嫌疑人犯多罪的；

（2）犯罪嫌疑人多次犯罪的；

（3）多个犯罪嫌疑人犯一罪，或者连同犯罪嫌疑人还有其他人窝藏、包庇犯罪或不告发犯罪、消费嫌疑人犯罪所得财产的。

2. 只有在无法及时完成对所有犯罪的侦查，且拆分对确定案件事实的客观和完整性无影响时，侦查机关才能将案件拆分。

3. 自合并或拆分案件决定作出后的 24 小时内，要将决定送交同级检察院。如果检察院不同意侦查机关的合并或拆分决定的，则有权作出撤销决定并说明理由。

第 171 条 委托侦查

1. 必要时，侦查机关可委托其他侦查机关进行一些侦查活动。委托侦查决定须载明具体要求，并将其送交受委托的侦查机关及其同级检察院。

2. 受委托侦查机关须在委托侦查机关要求的期限内充分实施委托任务，并对委托侦查结果承担法律责任。如果无法实施委托任务，则须立即以书面形式说明原因并送交委托侦查机关。

3. 受委托侦查机关的同级检察院负责对受委托侦查机关的侦查活动行使公诉和检察权，并将对侦查活动行使公诉和检察权的结果立即移交给委托行使公诉权和检察权的检察院。

第 172 条 侦查期限

1. 侦查期限自刑事立案至侦查终结时止，轻罪案件不得超过 2 个月，严重犯罪不得超过 3 个月，非常严重犯罪、特别严重犯罪不得超过 4 个月。

2. 如果由于案件的复杂性而需要延长侦查期限，则侦查机关须至少在侦查期限届满前 10 日，向检察机关提交书面的延长侦查期限申请。

侦查期限的延长规定如下：

（1）对于轻罪，可以延长一次不超过 2 个月的侦查期限；

（2）对于严重犯罪，可以延长侦查期限两次，第一次不超过 3 个月，第二次不超过 2 个月；

（3）对非常严重犯罪，可以延长侦查期限两次，每一次不超过 4 个月；

（4）对于特别严重犯罪，可以延长侦查期限三次，每次不超过 4 个月。

3. 对于特别严重的犯罪，其延长的侦查期限届满，但由于案件的性质非常复杂仍无法完成侦查的，最高人民检察院检察长可以再延长一次不超过 4 个月的侦查期限。

对于侵犯国家安全的犯罪，最高人民检察长有权再延长一次不超过 4 个月的侦查期限。

4. 变更、补充刑事立案决定、合并案件决定的，侦查总期限不得超过本条第 1、2、3 款规定的期限。

5. 检察院的延长侦查期限的权限分工：

（1）对于轻罪，由县级人民检察院和区域军事检察院延长侦查期限。如果是省级侦查机关或者军区侦查机关受理侦查案件的，则由省级人民检察院或者军区军事检察院延长侦查期限；

（2）对于严重犯罪，由县级人民检察院和区域军事检察院负责第一次和第二次延长侦查期限。如果是省级侦查机关或者军区侦查机关受理侦查案件的，则由省级人民检察院或者军区军事检察院负责第一次和第二次延长侦查期限；

（3）对于非常严重的犯罪，县级人民检察院和区域军事检察院负责第一次延长侦查期限；省级人民检察院、军区级军事检察院负责第二次延长侦查期限。如果是省级侦查机关或者军区侦查机关受理侦查案件的，则由省级人民检察院或者军区军事检察院负责第一次和第二次延长侦查期限；

（4）对于特别严重的犯罪，省级人民检察院和军区军事检察院负责第一次和第二次延长侦查期限；最高人民检察院和中央军事检察院负责第三次延长侦查期限。

6. 案件由公安部侦查机关、国防部侦查机关或最高人民检察院侦查机关受理侦查的，侦查期限延长由最高人民检察院、中央军事检察院负责。

第 173 条　侦查羁押期限

1. 对犯罪嫌疑人的侦查羁押期限，轻罪案件不得超过 2 个月，严重犯罪不得超过 3 个月，非常严重犯罪、特别严重犯罪不得超过 4 个月。

2. 如果案件有许多复杂情节而需要更长时间进行侦查，且无根据变更或撤销羁押措施的，则侦查机关须至少在羁押期限届满前 10 日，向检察院提交书面的延长期限申请。

羁押期限的延长规定如下：

（1）对于轻罪，可以延长一次不超过 1 个月的羁押期限；

（2）对于严重犯罪，可以延长一次不超过 2 个月的羁押期限；

（3）对非常严重犯罪，可以延长一次不超过 3 个月的羁押期限；

（4）对于特别严重犯罪，可以延长羁押期限二次，每次不超过 4 个月。

3. 检察院的延长羁押期限的权限分工：

（1）县级人民检察院和区域军事检察院有权对轻罪、严重犯罪和非常严重犯罪延长羁押期限。由省级侦查机关或军区侦查机关受理侦查案件的，则轻罪、严重犯罪和非常严重犯罪羁押期限延长以及特别严重犯罪的首次羁押期限延长由省级人民检察院或军区军事检察院决定；

（2）对于特别严重的犯罪，如果按本款第（1）项规定的第一次延长羁押期限届满仍无法完成侦查，且没有理由变更或撤销羁押措施，则省级人民检察院和军区军事检察院可进行第二次羁押期限延长。

4. 案件由公安部侦查机关、国防部侦查机关或最高人民检察院侦查机关受理侦查的，羁押期限延长由最高人民检察院、中央军事检察院负责。

5. 对于侵犯国家安全罪，有必要性时最高人民检察院检察长有权再延长一次不超过 4 个月的羁押期限。如果本条规定的羁押延长期限届满，仍无法完成侦查，且没有理由变更或撤销羁押措施的，则最高人民检察院检察长有权对严重犯罪延长一次不超过 1 个月的羁押期限，对非常严重犯罪延长一次不超过 2 个月的羁押期限，对特别严重的犯罪延长一次不超过 4 个月的羁押期限。在特殊情况下，对于侵犯国家安全的特别严重犯罪，没有理由撤销羁押措施的，由最高人民检察院检察长决定羁押到侦查终结为止。

6. 对于不是侵犯国家安全的特别严重犯罪，没有理由变更或撤销羁押措施的，最高人民检察院检察长在必要时有权再延长一次不超过 4 个月的羁押期限；特殊情况没有理由撤销羁押措施的，由最高人民检察院检察长决定羁押到侦查终结为止。

7. 在羁押期间，如果侦查机关认为没有必要继续羁押的，则须及时提请检察院撤销羁押以释放被羁押人或在必要时适用其他强制措施。

羁押期限届满后，必须释放被羁押者。必要时，有权诉讼机关可适用其他强制措施。

第174条　恢复侦查、补充侦查和重新侦查的期限

1. 本法典第235条规定的恢复侦查情形，从作出恢复侦查的决定时起至侦查终结止，轻罪和严重犯罪的继续侦查期限不得超过2个月，非常严重和特别严重犯罪的继续侦查期限不得超过3个月。

如果由于案件的复杂性而需要延长侦查期限，则侦查机关须至少在侦查期限届满前10日，向检察机关提交书面的延长侦查期限申请。

延长侦查期限规定如下：

（1）对于轻罪，可以延长一次不超过1个月的侦查期限；

（2）对于严重犯罪和非常严重犯罪，可以延长一次不超过2个月的侦查期限；

（3）对于特别严重犯罪，可以延长一次不超过3个月的侦查期限。

每类犯罪的侦查期限延长的权限分工按照本法典第172条第5款规定执行。

2. 案件由检察院退回补充侦查的，则补充侦查期限不得超过2个月；由法院退回补充侦查的，则补充侦查的期限不得超过1个月。检察院只能将案卷退回补充侦查两次。审判长和合议庭只能将案卷退回补充侦查一次。

补充侦查期限从侦查机关收到案件卷宗并要求进行补充侦查之日起计算。

3. 案件被退回要求重新侦查的，则侦查期限和延长期限依照本法典第172条的规定执行。

侦查期限从侦查机关收到案件卷宗并要求重新侦查时起

计算。

4. 在恢复侦查、补充侦查、重新侦查时，侦查机关有权根据本法典规定适用、变更或撤销强制措施和强制办法。

如果依据本法典规定需要羁押的，则恢复侦查、补充侦查的羁押期限不得超过本条第 1 款和第 2 款规定的恢复侦查、补充侦查期限。

重新侦查案件的羁押期限和延长羁押期限按照本法典第 173 条规定执行。

第 175 条　处理诉讼参加人员的要求和建议

1. 当诉讼参加人员就案件有关问题提出要求、建议时，侦查机关、获授权进行部分侦查活动机关、检察院在其责任范围内予以处理，并将结果通知诉讼参加人员。拒绝接受其要求、建议的，侦查机关、获授权进行部分侦查活动机关、检察院须作出答复并明确说明其原因。

2. 如果不同意侦查机关、获授权进行部分侦查活动机关、检察院的处理结果，则诉讼参加人员有权申诉。申诉和处理申诉按照本法典第三十三章规定执行。

第 176 条　见证人出席

在本法典规定的情形中要通知见证人出席见证侦查活动。

见证人有责任对自己在场见证有权诉讼工作人员所进行的工作内容和结果进行确认，并可以发表个人意见。该意见要记入笔录。

第 177 条　不得泄露侦查秘密

在有必要保守侦查秘密的情况下，侦查员、侦查干部、检察员和检查员必须要求诉讼参加人员不得泄露侦查秘密。该要求要记入笔录。

侦查员、侦查干部、检察员、检查员、诉讼参加人员泄露侦查保密的，应根据其违法行为的性质和严重程度依法予以纪律处分、行政处罚或追究刑事责任。

第 178 条　侦查笔录

有权诉讼工作人员在进行侦查活动时，必须根据本法典第133 条规定制作笔录。

制作笔录的侦查员、侦查干部必须将笔录向诉讼参加人员宣读，告知其有权对笔录进行补充和发表意见。其补充和发表的意见要记入笔录；如果不接受补充，则必须在笔录中明确说明原因。诉讼参加人员、侦查员和侦查干部都要在笔录上签名。

检察员和检查员制作笔录的，按照本条规定执行。笔录必须立即转给侦查员存入案件卷宗。

在立案阶段制作笔录按照本条的规定执行。

第十一章　对犯罪嫌疑人立案与讯问犯罪嫌疑人

第 179 条　对犯罪嫌疑人立案

1. 当有充分的根据确定某自然人或法人实施了《刑法典》所规定的犯罪行为时，侦查机关应作出对犯罪嫌疑人立案的决定。

2. 对犯罪嫌疑人立案的决定要写明作出该决定的时间和地点；决定者的姓名和职务；犯罪嫌疑人的姓名、出生日期、国籍、民族、宗教、性别、住址和职业；被控何罪，依据《刑法典》何条款；犯罪时间、地点和其他犯罪情节。

如果犯罪嫌疑人被控犯多种罪的，则对犯罪嫌疑人立案决定须写明每项罪名及其适用的《刑法典》条款。

3. 侦查机关必须在作出对犯罪嫌疑人立案决定 24 小时内，将对犯罪嫌疑人立案决定及其相关材料提交同级检察院审核批准。检察机关在收到对犯罪嫌疑人立案决定后的 3 日内，必须作出批准或撤销对嫌疑人立案的决定，或要求补充相关证据、材料作为批准决定事项之根据，相关决定要立即交给侦查机关。

检察院要求补充证据和材料的，则自收到补充证据和材料之日起 3 日内，检察院必须作出批准或撤销对犯罪嫌疑人立案的决定。

4. 如果检察院发现有人已实施《刑法典》所规定的犯罪行为而尚未被立案的，则应要求侦查机关作出对犯罪嫌疑人立案决定，如果被要求立案的侦查机关不执行的，检察院可直接作出对犯罪嫌疑人立案的决定。检察院在作出对犯罪嫌疑人立案决定的 24 小时内，必须将其交给侦查机关进行侦查。

检察院收到侦查案卷和侦查结论书后，若发现本案中有人实施了《刑法典》所规定的犯罪行为而尚未被立案的，则应作出对犯罪嫌疑人立案的决定，并把侦查案卷退回侦查机关进行补充侦查。

5. 侦查机关收到检察院批准对犯罪嫌疑人立案的决定或检察院直接对犯罪嫌疑人立案的决定后，必须立即将对犯罪嫌疑人立案的决定、检察院批准对犯罪嫌疑人立案的决定送达犯罪嫌疑人，并向犯罪嫌疑人解释其权利和义务。

在收到批准对犯罪嫌疑人立案的决定后，侦查机关必须对犯罪嫌疑人进行照相、制作名牌和指牌，并存入案卷中。

上述决定的交付和接收，应根据本法典第 133 条规定制作笔录。

第 180 条　变更或补充对犯罪嫌疑人立案的决定

1. 有下列情况之一的，侦查机关和检察院应变更对犯罪嫌疑人的立案决定：

（1）在进行侦查时，有根据确定犯罪嫌疑人的行为不构成已被立案之罪的；

（2）对犯罪嫌疑人立案决定所写嫌疑人姓名、年龄和身份有误的。

2. 如果有根据确定犯罪嫌疑人还实施了《刑法典》所规定的其他罪，则侦查机关和检察院必须补充对犯罪嫌疑人立案决定。

3. 侦查机关在做出变更或补充对犯罪嫌疑人立案的决定后的 24 小时内，须将该变更、补充对犯罪嫌疑人立案的决定及其有关的材料移交同级检察院审查批准。该检察院在收到变更或者补充对犯罪嫌疑人立案的决定 3 日内，必须作出批准或者撤销变更或者补充对犯罪嫌疑人立案的决定，或要求补充相关证据、材料作为批准决定事项之根据，相关决定要立即交给侦查机关。

检察院要求补充证据和材料的，则自收到补充证据和材料之日起 3 日内，检察院必须作出批准或撤销变更、补充对犯罪嫌疑人立案的决定。

检察院须在作出变更或补充对犯罪嫌疑人立案决定的 24 小时内，将其送交侦查机关进行侦查。

4. 收到检察院批准或撤销变更、补充对犯罪嫌疑人立案决定后，侦查机关应立即将此决定送达犯罪嫌疑人。

上述决定的交付和接收，应根据本法典第 133 条规定制作笔录。

第 181 条 暂停犯罪嫌疑人所担任的职务

当认为犯罪嫌疑人继续担任职务给侦查造成困难时，侦查机关、获授权进行部分侦查活动机关、检察院有权建议犯罪嫌疑人的主管机关、组织暂停犯罪嫌疑人职务。犯罪嫌疑人主管机关、组织在收到建议后的 7 日内，必须以书面形式向提出建议的侦查机关、获授权进行部分侦查活动机关、检察院作出回复。

第 182 条 传唤犯罪嫌疑人

1. 传唤犯罪嫌疑人时，侦查员必须发出传票。传票要写明犯罪嫌疑人的姓名和住所，到案的年、月、日、时及地点，办事时间，见谁，以及由于非不可抗力或客观障碍原因不到案的责任。

2. 发给犯罪嫌疑人的传票可送达至犯罪嫌疑人居住的乡、坊、镇政府或犯罪嫌疑人工作、学习的机关或组织。收到传票的机关、组织负责立即将传票转交给犯罪嫌疑人。

犯罪嫌疑人在收到传票时必须签字并写明接收时间和日期。转交传票的人必须将犯罪嫌疑人的签名传票转交传唤犯罪嫌疑人的机关；如果犯罪嫌疑人不签字，应将其记入笔录并转交给传唤机关；如果犯罪嫌疑人不在，则可以将传票交给具有完全民事行为能力的犯罪嫌疑人亲属签收，并将其转交给犯罪嫌疑人。

3. 犯罪嫌疑人必须根据传票到案。如果不是因不可抗力或客观障碍而不到案，或有逃避迹象的，侦查员可以签发押解决定。

4. 必要时，检察员可以传唤犯罪嫌疑人。传唤犯罪嫌疑人应当依照本条规定进行。

第 183 条 讯问犯罪嫌疑人

1. 在决定对犯罪嫌疑人立案之后，由侦查员立即对犯罪嫌疑人进行讯问。对犯罪嫌疑人的讯问可在侦查地或犯罪嫌疑人居住地进行。侦查员在讯问犯罪嫌疑人之前，必须将讯问的时间和地点通知检察院和辩护人。认为有必要时，检察员可参与讯问犯罪嫌疑人。

2. 在进行第一次讯问之前，侦查员必须向犯罪嫌疑人解释清楚本法典第 60 条规定的权利和义务。该事项要记入笔录。

有多个犯罪嫌疑人的，要逐个单独讯问，不让他们互相接触。可以让犯罪嫌疑人自书供述。

3. 不得在夜间讯问犯罪嫌疑人，不能延缓的情形除外，但必须在讯问记录中载明原因。

4. 在犯罪嫌疑人鸣冤、投诉侦查活动，或有理由确定侦查违法，或在其他认为必要的情况下，检察员可直接讯问犯罪嫌疑人。检察员讯问犯罪嫌疑人应当按照本条的规定进行。

5. 侦查员、侦查干部、检察员、检查员对犯罪嫌疑人进行刑讯逼供的，须按《刑法典》的规定承担刑事责任。

6. 在拘押场所或侦查机关、获授权进行部分侦查活动机关驻所讯问的，必须进行录音或有声录像。

在其他地方进行讯问嫌疑人时，可根据犯罪嫌疑人或有权诉讼机关及人员的要求进行录音或有声录像。

第 184 条 讯问犯罪嫌疑人的笔录

1. 每次讯问犯罪嫌疑人都必须制作笔录。

制作讯问犯罪嫌疑人的笔录依照本法典第 178 条的规定进行；犯罪嫌疑人的陈述及各提问和回答情况必须完整记录。严禁侦查员、侦查干部自行添加、删除或修改犯罪嫌疑人的供词。

2. 讯问后，侦查人员、侦查干部必须将笔录向犯罪嫌疑人宣读或让其自己阅读。补充、修改笔录的，侦查员、侦查干部和犯罪嫌疑人应当共同签名确认。笔录有多页的，犯罪嫌疑人必须在每页上签名。犯罪嫌疑人自书供词的，侦查人员、侦查干部和犯罪嫌疑人应当在该自书供词上共同签名确认。

3. 讯问犯罪嫌疑人需要有翻译人员的，侦查员、侦查干部必须告知翻译人员的权利和义务，同时告知犯罪嫌疑人有要求翻译人员回避的权利；翻译人员必须在讯问笔录的每一页上签字。

讯问时有犯罪嫌疑人的辩护人、法定代理人在场的，侦查员、侦查干部必须向这些人解释其在讯问犯罪嫌疑人期间的权利和义务。犯罪嫌疑人、辩护人、法定代理人应共同在讯问笔录上签名。如果辩护人获准向犯罪嫌疑人问话的，则讯问笔录必须完整记录辩护人的提问和犯罪嫌疑人的回答。

4. 检察员讯问犯罪嫌疑人的，讯问笔录根据本条规定执行。询问笔录须立即转交给侦查员，以存入案件卷宗。

第十二章 询问证人、被害人、民事原告、民事被告、与案件有关的利害关系人，对质和辨认

第185条 传唤证人

1. 传唤证人询问证词时，侦查员必须发送传票。

2. 证人的传票必须写明证人的姓名、住址或工作、学习地点，应到的时间及地点，办事目的和内容，办事时间，见谁，以及非因不可抗力或客观障碍不到的责任。

3. 传票的送达按以下规定进行：

（1）传票直接送达证人，或通过证人居住地的乡、坊、镇

政府或证人工作、学习的机关或组织转交。所有情形送达传票都必须要有签收。证人居住地的乡、坊、镇政府或证人工作、学习的机关或组织有责任为证人履行义务创造条件；

（2）未满 18 岁证人的传票交给其父母或其他法定代理人；

（3）应外国委托司法送达证人的传票根据本款和《司法协助法》的规定进行。

4. 必要时，检察员可以传唤证人询问证词。传唤证人依据本条的规定进行。

第 186 条　询问证人

1. 询问证人可在侦查地或证人居住地、工作地或学习地进行。

2. 如果案件有多个证人，则必须逐个单独询问证词，并且在询问期间不允许他们互相接触和讨论。

3. 在询问证人证词之前，侦查员、侦查干部必须向证人告知根据本法典第 66 条规定所享有的权利和义务。该事项要记入笔录。

4. 在询问案件内容之前，侦查员须询问证人与犯罪嫌疑人、被害人之间的关系以及证人个人身份的其他情况。侦查人员要求证人诚实、自愿陈述或自书关于他们对案件的了解情况，然后才向其提问。

5. 如果认为侦查员的询问不客观或违反法律，或认为需要查清证据、材料以作出批准或不批准侦查机关的诉讼决定，或为了作出起诉决定，检察员可以直接询问证人。询问证人依据本条规定进行。

第 187 条　询问证人笔录

询问证人笔录应根据本法典第 178 条规定执行。

询问证人可以进行录音或有声录像。

第 188 条　传唤、询问被害人、当事人

传唤、询问被害人、当事人依据本法典第 185、186 和 187 条规定执行。

传唤、询问被害人、当事人可以进行录音或有声录像。

第 189 条　对质

1. 如果两个或多人的陈述相互矛盾，已采取其他侦查措施但仍未排除矛盾的，则侦查员应组织对质。在进行对质之前，侦查员须通报同级检察院以指派检察员对对质行为进行检察。检察员必须到场对对质行为进行检察。如果检察员不到场，要在对质笔录中载明。

2. 如果有证人或被害人参加，则在对质前，侦查员必须向其解释拒绝、逃避陈述或故意作出虚假陈述的责任。该事项要记入笔录。

3. 在开始对质时，侦查员应询问参与对质者之间的关系，然后询问须澄清的情节。听取对质后，侦查员可以逐个询问。

在对质期间，侦查人员可以出示相关证据、材料和物品；可以让参与对质的人互相发问；这些人的发问和回答情况必须记入笔录。

只有在对质参与者陈述完毕之后，才可以再提及他们以前的陈述。

4. 对质笔录应根据本法典第 178 条规定执行。对质可以进行录音或有声录像。

5. 必要时，检察员可以组织对质。对质应按照本条规定进行。

第 190 条　辨认

1. 必要时，侦查员可将人、照片或物品给证人、被害人或犯罪嫌疑人辨认。

供辨认的人、照片或物品数量必须至少为 3 个，并且其外观须相似，但尸体辨认除外。

侦查员在组织辨认之前，必须通知同级检察院以指派检察员对辨认进行检察。检察员必须到场对辨认进行检察。如果没有检察员到场，则要在辨认笔录中载明。

2. 以下人员必须参加辨认：

（1）证人、被害人或犯罪嫌疑人；

（2）见证人。

3. 如果证人或被害人是辨认人，则在进行辨认之前，侦查人员必须向他们解释拒绝、逃避陈述或故意作出虚假陈述的责任。该事项要记入笔录。

4. 侦查员要先询问辨认人据以辨认的细节、痕迹和特征。

在辨认过程中，侦查员不得提出暗示性问题。辨认人在所提供的人、物品或照片中确认是某人、物品或照片后，侦查员要让其解释根据什么痕迹或特征来确认该人、物品或照片的。

5. 辨认笔录根据本法典第 178 条规定进行制作。笔录必须要载明辨认人及供辨认的人之身份、健康状况；供辨认的物品和照片的特征；辨认人的陈述与说明；进行辨认时的光照条件。

第 191 条　口音辨别

1. 必要时，侦查员可让被害人、证人或被逮捕人、被拘押人、犯罪嫌疑人进行口音辨别。

供辨别的口音数量必须至少为 3 个，并且要具有相似的音色和音量。

侦查员在进行口音辨别之前，必须告知同级检察院以指派检察员检察口音辨别。检察员须到场检察口音辨别事项。如果检察员不到场，则在口音辨别笔录中注明。

2. 以下人员必须参与口音辨别：

（1）声音鉴定员；

（2）口音辨别人；

（3）供口音辨别的人，通过录音设备进行口音辨别的除外；

（4）见证人。

3. 如果证人、被害人作为口音辨别人，则在进行辨别之前，侦查员须向其解释拒绝、逃避陈述或故意作出虚假陈述的责任。该事项要记入笔录。

4. 侦查员须事先询问口音辨别人据以辨别口音的特征。

在口音辨别过程中，侦查员不得提出暗示性问题。口音辨别人在所提供的口音中确认是某一口音后，侦查员要让其解释是根据什么特征来确认该口音的。

5. 口音辨别笔录根据本法典第 178 条规定进行制作。笔录须载明口音辨别人和供口音辨别人的身份和健康状况，供辨别的口音特征，进行口音辨别时的空间条件。

第十三章　搜查、扣押、暂扣材料、物品

第 192 条　搜查人身、住所、工作场所、地点、车辆、资料、物品、信件、电报、包裹、邮品、电子数据的依据

1. 在有根据认定某人身上、住所、工作场所、地点、车辆

越南刑事诉讼法典（2021年修订）

上有犯罪作案工具、用品，犯罪所得的材料、物品、财产或者其他与案件有关的物品、电子数据及材料的情况下，才能搜查人身、住所、工作场地、地点和车辆。

当需要搜索被通缉、追捕的人及解救被害人时，也可以搜查住所、工作场地、地点和车辆。

2. 有根据认定在信件、电报、包裹、邮品、电子数据中有犯罪工具、用品及与案件有关的材料、物品、财产时，可以搜查信件、电报、包裹、邮品、电子数据。

第193条 签发搜查令的权限分工

1. 本法典第113条第1款所规定的人员有权签发搜查令。本法典第35条第2款和第113条第1款第（1）项所规定人员的搜查令在执行前必须经有管辖权的检察院批准。

2. 在紧急情况下，本法典第110条第2款所规定人员有权签发搜查令。搜查完成后的24小时内，签发搜查令的人必须以书面形式通知同级检察院或对案件侦查行使公诉权和检察权的检察院。

3. 在进行搜查之前，侦查员必须将搜查的时间和地点通知同级检察院，以便派遣检察员对搜查事项进行检察，紧急搜查情形除外。检察员须到场对搜查进行检察。如果检察员不到场，则在搜查笔录中注明。

4. 所有搜查都应根据本法典第178条规定制作笔录，并存入案件卷宗。

第194条 人身搜查

1. 开始搜查人身时，执行搜查令的人必须宣读搜查令并将其交给被搜查人阅读；告知被搜查人和其他在场人员的权利和义务。

搜查人员必须要求被搜查人员交出与案件有关的材料和物

品，如果他们拒绝或提供与案件有关的材料和物品不完整，则进行搜查。

2. 人身搜查必须由同性别的人进行，并由其他同性别的人见证。搜查不得侵犯被搜查人的生命、健康、财产、名誉和尊严。

3. 在逮捕时或有根据确定出现在搜查地点的人身上藏有与案件相关的武器、凶器、证据、材料、物品时，无需搜查证即可进行搜查。

第 195 条　搜查住所、工作场所、地点、车辆

1. 搜查某人住所时，必须有其本人或其 18 岁以上同住人员在场，并有当地乡、坊、镇政府代表和见证人在场；如果其本人或 18 岁以上同住人员故意不到场、逃避或出于其他原因不在场，而搜查又不能延缓的，则仍可进行搜查，但必须有当地乡、坊、镇政府代表和 2 名见证人在场。

不得从夜间开始搜查住所，紧急情况除外，但必须在笔录中注明理由。

2. 搜查某人的工作场所时，必须有其本人在场，不能延缓的情形除外，但必须在笔录中注明理由。

搜查工作场所必须有该人所在机关或组织的代表见证。没有机关和组织代表的，搜查仍可进行，但必须有搜查地的乡、坊、镇政府代表和 2 名见证人在场。

3. 搜查地点时，必须有搜查地的乡、坊、镇政府代表和见证人在场。

4. 对车辆的搜查必须有车辆的所有人或管理人以及见证人在场。如果车辆的所有人或管理人不在场、逃逸或出于其他原因不在场，而搜查不能延缓的，则仍可进行搜查，但必须有 2

名见证人在场。

车辆搜查时可邀请具有车辆专业知识的人员参加。

5. 在搜查住所、工作场所、地点或车辆时，在场人员不得擅自离开搜查现场，不得相互或与场外人联系、交流意见，直到搜查完成为止。

第 196 条　扣押电子设备及电子数据

1. 扣押电子设备和电子数据应由有权诉讼工作人员进行，并可邀请有关专业人员参加。无法扣押的情况下，则须将其拷贝到存储设备中，像对待物证一样扣押。

2. 扣押电子设备时，可以扣押附带的外围设备和相关材料。

第 197 条　扣押在邮政、通讯机关和组织的信件、电报、包裹和邮品

1. 需要扣押在邮政、通讯机关和组织的信件、电报、包裹和邮品时，侦查机关应签发扣押令。该扣押令在执行前必须要获得同级检察院的批准。

2. 如果扣押在邮政、通讯机关和组织的信件、电报、包裹和邮品事项不能延缓的，侦查机关可以进行扣押，但必须在扣押笔录中注明原因。扣押之后必须立即以书面报告并附上与扣押相关的材料提请同级检察院审查批准。

检察院自收到扣押信件、电报、包裹和邮品提请报告及有关材料后的 24 小时内，必须做出批准或不批准的决定。如果检察院决定不批准，则下令扣押的人必须立即将其退还邮政、通讯机关和组织，同时通知被扣押信件、电报、包裹和邮品的人。

3. 执行扣押令人员必须在进行扣押前通知有关邮政、通讯机关和组织的负责人。有关邮政、通讯机关和组织的管理人员

必须创造条件让执行人员完成执行扣押令的任务。

扣押信件、电报、包裹和邮品时，必须有邮政、通讯机关和组织的代表见证，并在扣押笔录上签名确认。

签发扣押令的机关必须通知被扣押信件、电报、包裹和邮品的人。通知会阻碍侦查的，则在此类阻碍消除后，签发机关须立即通知。

第 198 条　搜查时暂扣材料、物品

1. 在搜查过程中，侦查人员可以暂扣与案件直接相关的物证和材料。对属于禁止收藏和流通的物品，须予以扣押并立即移交给有权管理的机关。必须要封存的，应在物品所有人、物品管理人、见证人、家庭代表及搜查地乡、坊、镇政府代表面前进行。

2. 在搜查过程中暂扣材料和物品，应根据本法典第 133 条规定制作笔录。暂扣笔录一式四份，其中一份交给材料、物品的所有人或管理人，一份存入案件卷宗，一份交给同级检察院，一份交给管理暂扣材料和物件的机关。

第 199 条　保管被扣押、暂扣或封存车辆、材料、物品、电子数据、信件、电报、包裹和邮品的责任

1. 被扣押、暂扣或封存车辆、材料、物品、电子数据、信件、电报、包裹和邮品须得到原封不动的保管。

2. 任何人破坏封条、使用、转让、调换、藏匿或毁坏车辆、材料、物品、电子数据、信件、电报、包裹和邮品的，须根据《刑法典》的规定承担刑事责任。

第 200 条　签发、执行搜查、扣押、暂扣令的人的责任

非法签发、执行搜查、扣押、暂扣令的人，应根据违法行

为的性质和程度依法予以纪律处分或追究刑事责任。

第十四章　现场勘验、尸体检验、人身检查、侦查实验

第201条　现场勘验

1. 侦查员主持对犯罪发生地、犯罪发现地进行勘验，以发现犯罪痕迹，收集其他相关物证、材料、物品和电子数据，查清对解决案件有意义的情节。

2. 在进行现场勘验之前，侦查员须将勘验的时间和地点通报同级检察院，以使检察院指派检察员对现场勘验进行检察。检察员必须到场对现场勘验进行检察。

现场勘验时，必须有见证人；可以让犯罪嫌疑人、辩护人、被害人、证人参加，并邀请专业人员参与勘验。

3. 进行现场勘验时，须照相、画图、描述现场、测量、建模型；检查现场收集犯罪痕迹以及与案件有关的材料和物品；在笔录中写明勘验结果。现场勘验笔录根据本法典第178条规定制作。

无法立即检验的，则须将收集的材料和物品予以保管、保持原状或封存带回侦查的地方。

第202条　尸体检验

1. 尸体检验应由法医鉴定员在侦查员的主持下进行，并且必须有见证人。

在进行尸体检验之前，侦查员必须将尸体检验的时间和地点通报同级检察院，以指派检察员对尸体检验进行检察。检察员必须到场对尸体检验进行检察。

2. 可以邀请刑事技术鉴定员参加尸体检验，以发现并收集痕迹服务于鉴定事项。

3. 进行尸体检验时，必须对尸体上留下的痕迹进行照相、描述；对样品物进行拍照、收集和保管以服务于征求鉴定工作；在笔录中写明检验结果。尸体检验笔录根据本法典第 178 条规定制作。

4. 如果需要挖掘已安葬的尸体，则必须有侦查机关的决定，并在进行挖掘之前将决定通知死者的亲属。如果死者没有亲属或无法确定其亲属的，则通知埋葬尸体所在地的乡、坊、镇政府代表。

第 203 条　人身检查

1. 必要时，侦查员可对紧急情况被拘留人、被逮捕人、被拘押人、犯罪嫌疑人、被害人、证人等身上的犯罪痕迹或对案件处理有意义的其他痕迹进行检查。如有必要，侦查机关可以征求鉴定。

2. 人身检查必须由同性别的人进行，并且必须由同性别的人见证。如有必要，可以邀请医生参加。

严禁侵犯被检查者的健康、名誉和尊严。

人身检查必须制作笔录描述留在身体上的痕迹；必要时可进行拍照或征求鉴定。人身检查笔录应根据本法典第 178 条规定制作。

第 204 条　侦查实验

1. 为了检查和核实对解决案件具有意义的材料和情节，侦查机关可以进行重建现场，重演某事件的行为、情景或其他情节，进行各种必要的实验。在进行侦查实验时，必须进行测量、拍照、录像、画图、写明实验结果记入笔录。

严禁侦查实验侵犯参与侦查实验人员和其他人的生命、健康、名誉、尊严和财产。

2. 在进行侦查实验之前，侦查员必须将进行实验的时间和地点通报同级检察院。检察员必须到场对侦查实验进行检察。如果检察员没到场，则必须在笔录中注明。

3. 侦查实验由侦查员主持，侦查实验必须有见证人在场。

侦查机关在进行侦查实验时可以邀请专业人员参加。必要时，被拘押人、犯罪嫌疑人、辩护人、被害人和证人可以参加。

4. 必要时，检察院可以进行侦查实验。侦查实验根据本条规定执行。

第十五章　鉴定与财产评估

第 205 条　征求鉴定

1. 有属于本法典第 206 条规定的情况之一或认为有必要时，有权诉讼机关应当作出征求鉴定决定。

2. 征求鉴定决定包括以下内容：

（1）征求鉴定机关的名称；有权征求鉴定人员的姓名；

（2）获征求鉴定的组织名称和人员姓名；

（3）鉴定对象的名称和特征；

（4）有关材料或所附比较样本（如有）名称；

（5）要求鉴定的内容；

（6）征求鉴定日期与回复鉴定结论期限。

3. 在作出征求鉴定的决定后 24 小时内，征求鉴定的机关须将征求鉴定决定、材料和鉴定对象交给进行鉴定的组织或人员；并将征求鉴定决定送给对案件侦查行使公诉权和检察权的检察院。

第 206 条 必须征求鉴定的情形

需确定以下对象的，必须要征求鉴定：

1. 对被控罪人的刑事责任能力有怀疑时须确定其精神状况的；对被害人、证人的认识能力、正确陈述案件情节能力有怀疑时须确定其精神状况的；

2. 如果犯罪嫌疑人、被告人、被害人的年龄对于案件的处理具有意义，但没有材料可以确定其确切年龄，或者对此类材料的真实性有疑问的；

3. 死亡原因；

4. 伤口性质、对健康或劳动能力的损害程度；

5. 毒品、军事武器、爆炸物、易燃品、有毒物、放射性物质、假币、金、银、贵重金属、宝石、古董；

6. 环境污染程度。

第 207 条 要求鉴定

1. 当事人或其法定代理人就与其合法权益相关的事项有权提议诉讼进行机关征求鉴定，但鉴定事项关系到确定被控罪者刑事责任的情形除外。

诉讼进行机关在收到书面提议后的 7 日内必须审查并作出征求鉴定决定。如果不接受提议的，则书面通知提议人并列明原因。时限届满或收到诉讼进行机关拒绝鉴定通知之日起，提议鉴定人有权自己要求鉴定。

2. 要求鉴定人具有《司法鉴定法》规定的权利和义务。

第 208 条　鉴定期限

1. 必须征求鉴定情形的鉴定期限：

（1）对于本法典第 206 条第 1 款规定的情形，最长不超过 3 个月；

（2）对于本法典第 206 条第 3、6 款规定的情形，最长不超过 1 个月；

（3）对于本法典第 206 条第 2、4、5 款规定的情形，最长不超过 9 日。

2. 其他情况下的鉴定期限依据征求鉴定决定执行。

3. 不能在本条第 1 款和第 2 款规定的期限内进行鉴定的，则进行鉴定的组织或人员必须及时以书面形式通知征求鉴定机关、要求鉴定的人，并列明原因。

4. 本条规定的鉴定期限也适用于补充或重新鉴定的情形。

第 209 条　进行鉴定

1. 鉴定可在鉴定机关或进行侦查地点进行，作出征求鉴定决定或要求鉴定之后要立即进行鉴定。

侦查员、检察员、审判员和要求鉴定人可以参加鉴定，但必须提前通知鉴定员。

2. 鉴定工作可由个人或集体进行。

第 210 条　补充鉴定

1. 下列情况应进行补充鉴定：

（1）鉴定结论内容不清楚或不完整；

（2）出现新问题需要鉴定，并与先前已有鉴定结论的案件情节相关的。

2. 补充鉴定可由原来的鉴定组织、个人或其他组织、个人进行。

3. 补充鉴定的征求、要求事项应参照首次鉴定进行。

第 211 条　重新鉴定

1. 如果怀疑首次鉴定结论不正确，则可进行重新鉴定。重新鉴定必须由其他鉴定人进行。

2. 征求鉴定机关可自行或应诉讼参加人员的提议而决定征求重新鉴定。如果征求鉴定人拒绝接受重新鉴定的提议，则必须书面通知鉴定提议人并列明原因。

3. 如果对同一个需要鉴定内容，首次鉴定结论与重新鉴定结论互不相同，则第二次重新鉴定应由征求鉴定人决定。第二次重新鉴定必须由鉴定委员会按照《司法鉴定法》的规定进行。

第 212 条　特殊情况下的重新鉴定

在特殊情况下，最高人民检察院检察长、最高人民法院院长在鉴定委员会已有结论后仍可决定重新鉴定。特殊情况下的重新鉴定必须由新的鉴定委员会进行，已参加原来鉴定委员会的人不得参与重新鉴定。这种情况下的重新鉴定结论可作为案件处理的依据。

第 213 条　鉴定结论

1. 鉴定结论必须写明所征求、要求鉴定的内容和《司法鉴定法》规定的其他内容的鉴定结果。

2. 在作出鉴定结论后的 24 小时内，进行鉴定的组织或个人必须将鉴定结论交给征求鉴定机关、要求鉴定的人。

在收到鉴定结论后的 24 小时内，征求鉴定机关、要求鉴定人要将鉴定结论送给对案件侦查行使公诉权和检察权的检察院。

3. 为明确鉴定结论的内容，征求鉴定机关、要求鉴定人有权要求进行鉴定的组织、个人对其鉴定结论作出解释；向鉴定人询问必要的情节。

第214条　犯罪嫌疑人、被告人、被害人和其他诉讼参加人员对鉴定结论的权利

1. 在接到犯罪嫌疑人、被告人、被害人和其他诉讼参加人员的鉴定提议后，有权诉讼机关须在7日内审查并作出征求鉴定决定。

2. 有权诉讼机关在收到鉴定结论后的7日内，须将鉴定结论通知犯罪嫌疑人、被告人、被害人和其他诉讼参加人员。

3. 犯罪嫌疑人、被告人、被害人和其他诉讼参加人员有权就鉴定结论提出自己的意见；提议补充鉴定或重新鉴定。他们直接陈述意见的，侦查机关、检察院、法院则须制作笔录。

4. 如果侦查机关、检察院、法院不接受犯罪嫌疑人、被告人、被害人和其他诉讼参加人员的提议，则须书面通知提议人并列明原因。

第215条　要求财产评估

1. 当需要确定财产价值以解决刑事案件时，有权诉讼机关应签发文件要求进行财产评估。

2. 要求财产评估文件包括以下内容：

（1）要求评估的机关名称；有权要求评估人的姓名；

（2）被要求财产评估委员会的名称；

（3）待评估财产的信息和特征；

（4）有关材料的名称（如有）；

（5）要求财产评估的内容；

（6）要求财产评估的日期，回复财产评估结论的期限。

3. 要求财产评估文件签发后的 24 小时内，要求评估的机关须将文件、资料和要求评估的对象交给被要求进行评估的财产评估委员会；并将要求财产评估文件送给对侦查行使公诉权和检察权的检察院。

4. 要求财产评估以解决刑事案件中的民事问题，应按照民事诉讼法的规定执行。

第 216 条　财产评估的期限

财产评估和回复财产评估结论期限按照要求财产评估文件的规定执行。如果无法在规定的期限内进行财产评估，则财产评估委员会必须立即书面通知要求评估的机关或个人并列明原因。

第 217 条　进行财产评估

1. 财产评估应由财产评估委员会进行。财产评估会议可以在需评估财产所在地或财产评估委员会决定的其他地点举行。

侦查员、检察员、审判员可以参加财产评估会议，但必须提前通知财产评估委员会；经财产评估委员会同意可以发表意见。

2. 财产评估委员会的成立、运作以及财产评估的程序、手续等实施细则由中央政府规定。

第 218 条　财产的重新评估

1. 对首次财产评估结论有疑问，有权诉讼机关可自行或应被控罪人或其他诉讼参加人员的提议作出对财产进行重新评估的文件。财产重新评估由上级财产评估委员会直接进行。

2. 如果首次评估结论与重新评估结论之间关于被评估财产的价值有冲突，有权诉讼机关应作出对财产进行第二次重新评估的文件。第二次重新评估由有权的财产评估委员会进行。这种情况下的重新评估结论可作为案件处理的依据。

第 219 条　已丢失或灭失财产的价值评估

待评估财产已丢失或灭失的，则应当根据在收集该财产信息和材料基础上所建立的财产档案进行财产评估。

第 220 条　特殊情况下的财产重新评估

在特殊情况下，最高人民检察院检察长和最高人民法院院长在财产评估委员会作出第二次重新评估结论后，可以决定对财产进行再次重新评估。特殊情况下财产重新评估必须由新的财产评估委员会进行。参与过先前评估的人员不得再参与重新评估。这种情况下的重新评估结论可作为案件处理的依据。

第 221 条　财产评估结论

1. 财产评估结论必须根据评估要求的内容和法律规定的其他内容写明关于财产价值的结论。

2. 在作出财产评估结论后 24 小时内，财产评估委员会须将结论交给要求财产评估机关或要求财产评估的人。

要求财产评估机关或要求财产评估的人在收到财产评估结论后的 24 小时内要将评估结论送给对案件侦查行使公诉权和检察权的检察院。

3. 为明确财产评估结论的内容，要求财产评估机关、要求财产评估的人有权要求财产评估委员会对其评估结论作出解释；向财产评估委员会询问必要的情节。

第 222 条　犯罪嫌疑人，被告人、被害人和其他诉讼参加人员对财产评估结论的权利

1. 在接到犯罪嫌疑人、被告人、被害人和其他诉讼参加人员的财产评估提议后，有权诉讼机关须在 7 日内审查并作出要求财产评估文件。

2. 有权诉讼机关在收到财产评估结论后的 7 日内，须将财产评估结论通知犯罪嫌疑人、被告人、被害人和其他诉讼参加人员。

3. 犯罪嫌疑人、被告人、被害人和其他诉讼参加人员有权就财产评估结论提出自己的意见；提议重新评估。他们直接陈述意见的，侦查机关、检察院、法院则须制作笔录。

4. 如果侦查机关、检察院、法院不接受犯罪嫌疑人、被告人、被害人和其他诉讼参加人员的提议，则须书面通知提议人并列明原因。

第十六章　特殊侦查措施

第 223 条　各种特殊侦查措施

刑事立案后，在侦查过程中，有权诉讼工作人员可以适用以下特殊侦查措施：

1. 秘密录音和录像；

2. 秘密监听电话；

3. 秘密收集电子数据。

第 224 条　适用特殊侦查措施的情形

特殊侦查措施可适用于以下情形：

1. 侵犯国家安全罪、毒品犯罪、贪污腐败类犯罪、恐怖主义犯罪、洗钱罪；

2. 其他有组织的特别严重犯罪。

第 225 条　决定及执行特殊侦查措施的权限和责任

1. 省级侦查机关、军区级军事侦查机关以上首长可自行或根据省级人民检察院检察长或军区级军事检察院检察长的要求，有权决定适用特殊侦查措施。对于县级侦查机关或者区域军事侦查机关受理侦查的案件，由县级侦查机关首长或者区域军事侦查机关首长提请省级侦查机关、军区级军事侦查机关首长审查、决定适用。

2. 适用特殊侦查措施的决定必须写明有关适用对象、适用措施名称、适用期限和地点、进行特殊侦查措施的机关等必要信息以及本法典第 132 条第 2 款规定的内容。

3. 适用特殊侦查措施的决定在执行前必须经过同级检察院检察长的批准。作出适用决定的侦查机关首长有责任严格检查该措施的适用，如果认为不再需要，则立即提请检察院撤销。

人民公安和人民军队的专门机关必须依照法律规定执行适用特殊侦查措施的决定。

4. 主管的侦查机关首长、检察院检察长和执行特殊侦查措施决定的人必须保密。

第 226 条　适用特殊侦查措施的期限

1. 适用特殊侦查措施的期限为自检察长批准之日起不超过 2 个月。情况复杂的可以延长，但不得超过本法典规定的侦查期限。

2. 如果认为有必要延长适用特殊侦查措施的期限，则作出适用决定的侦查机关首长至少在届满前 10 日向之前批准适用决定的检察院检察长提请审查、决定延期事项。

第 227 条　使用通过特殊侦查措施获得的信息和材料

1. 通过特殊侦查措施获得的信息和材料只能用于刑事案件的立案、侦查、起诉和审判；与案件无关的信息和材料必须立即销毁。

严禁将收集的信息、材料和证据用于其他目的。

2. 适用特殊侦查措施所获得的信息和材料可作为处理案件的证据。

3. 侦查机关有责任立即将适用特殊侦查措施的结果通报给批准该事项的检察院检察长。

第228条 撤销适用特殊侦查措施

有以下情形之一的，批准适用特殊侦查措施决定的检察院检察长必须及时撤销该决定：

1. 有主管侦查机关首长书面提请的；

2. 在适用特殊侦查措施过程中存在违法行为的；

3. 无需继续适用特殊侦查措施的。

第十七章 侦查中止与侦查终结

第229条 侦查中止

1. 有下列情况之一的，侦查机关应当作出侦查中止决定：

（1）尚未能确定谁是犯罪嫌疑人，或者不知犯罪嫌疑人在何处，但案件侦查期限已届满的。如果不知犯罪嫌疑人在何处，侦查机关在中止侦查之前必须签发通缉决定；

（2）司法鉴定结论确定犯罪嫌疑人患有精神疾病或严重疾病的，侦查机关可以在侦查期限届满之前中止侦查；

（3）司法鉴定、财产评估、国外司法协助尚未有结果，但侦查期限已届满的。在这种情况下，司法鉴定、财产评估、国外司法协助将继续进行，直到得出结果为止。

2. 如果案件中有多个犯罪嫌疑人，但中止侦查的事由并不与所有的犯罪嫌疑人都有关，则可根据个别犯罪嫌疑人的情形单独进行中止侦查。

3. 在作出侦查中止决定后的 2 日内，侦查机关必须将此决定送交同级检察院、犯罪嫌疑人、辩护人或犯罪嫌疑人法定代理人；告知被害人、当事人及其权利保护人。

第 230 条　侦查终止

1. 有下列情形之一的，侦查机关应当作出终止侦查决定：

（1）具有本法典第 155 条第 2 款和第 157 条规定的情形之一，或者根据《刑法典》第 16 条、29 条或第 91 条第 2 款的规定需终止侦查的；

（2）侦查期限已届满，但不能证明犯罪嫌疑人实施了犯罪的。

2. 终止侦查的决定必须写明作出决定的时间和地点，终止侦查的理由和依据，撤销强制措施、强制办法以及交还已被暂扣的材料和物品（如有）情况，物证处理及其他相关事宜。

如果案件中有多个犯罪嫌疑人，但终止侦查的事由并不与所有的犯罪嫌疑人都有关，则可根据个别犯罪嫌疑人的情形单独进行终止侦查。

3. 自收到终止侦查的决定与侦查机关的案件卷宗之日起 15 日内，检察院如果认为终止侦查决定有依据，则须将案卷退回侦查机关并由其按权限处理案件；如果认为终止侦查决定没有依据，则撤销终止侦查决定，并要求侦查机关恢复侦查；如果认为已经达到起诉条件，则撤销终止侦查的决定，并根据本法典规定的期限、程序与手续作出起诉决定。

第 231 条　通缉犯罪嫌疑人

1. 犯罪嫌疑人逃跑或不知道犯罪嫌疑人所在地点，侦查机关须作出通缉犯罪嫌疑人决定。

2. 通缉决定必须写明犯罪嫌疑人姓名、出生日期、居住地，犯罪嫌疑人的识别特征、已立案的罪行，以及本法典第 132 条第 2 款中规定的内容，并附上犯罪嫌疑人的照片（如有）。

通缉犯罪嫌疑人的决定要送达同级检察院，并公开通报，以便所有人发现和抓捕被通缉的人。

3. 根据通缉决定逮捕犯罪嫌疑人后，作出通缉决定的侦查机关必须作出停止通缉决定。停止通缉决定应送达同级检察院并予以公开通报。

第 232 条　侦查终结

1. 侦查终结时，侦查机关须做出侦查结论书。

2. 当侦查机关作出侦查结论书建议起诉或作出侦查结论书并决定终止侦查时，侦查终结。

3. 侦查结论书必须载明年、月、日，及作出结论书人的姓名、职位和签名。

4. 侦查机关在作出侦查结论书 2 日内，必须将建议起诉的侦查结论书或附终止侦查决定的侦查结论书连同案件卷宗移送同级检察院；将建议起诉的侦查结论或终止侦查决定送达犯罪嫌疑人或其法定代理人、辩护人；并通知被害人、当事人和其合法权益保护人。

第 233 条　建议起诉的侦查结论书

建议起诉的侦查结论书必须写明犯罪行为的过程，确定犯罪嫌疑人犯罪行为的证据，犯罪手段、动机、目的，犯罪行为造成损害的性质和程度，适用、变更或撤销强制措施和强制办法情况，刑事责任加重、减轻情节，犯罪嫌疑人的个人特点，扣押、暂扣材料和物品以及物证的处理事项，导致犯罪行为的原因和条件以及对案件有意义的其他情节；建议起诉的理由和依据，适用《刑法典》中的罪名及条、款、项，解决案件的建议等。

侦查结论书还要写明作出结论的日期，作出侦查结论书人的姓名、职位和签名。

第234条　终止侦查的结论书

终止侦查的，侦查结论书必须写明事件演变，侦查过程，终止侦查的原因和依据。

侦查结论书还要写明作出结论的日期；作出侦查结论书人的姓名、职位和签名。

终止侦查的决定应当载明作出决定的时间和地点，终止侦查的理由和依据，撤销强制措施、强制办法，返还暂扣材料和物品（若有），物证处理以及其他相关事宜。

第235条　恢复侦查

1. 有理由撤销终止侦查决定或中止侦查决定且未过刑事责任追诉时效的，侦查机关应作出恢复侦查的决定。

如果根据本法典第157条第5、6款规定终止侦查，而犯罪嫌疑人不同意并要求重新侦查的，则侦查机关或同级检察院应作出恢复侦查的决定。

2. 在作出恢复侦查的决定之后的2日内，侦查机关必须将该决定送交同级检察院、犯罪嫌疑人、辩护人或犯罪嫌疑人的法定代理人，并通知被害人、当事人和其合法权益保护人。

第三部分　起诉

第十八章　一般规定

第 236 条　检察院在起诉阶段行使公诉权的任务和权限

1. 决定适用、变更或撤销强制措施和强制办法；要求侦查机关通缉犯罪嫌疑人。

2. 在必要时，要求机关、组织和个人提供与案件有关的材料。

3. 为决定起诉事宜检查、补充材料和证据，或者在法院要求进行补充侦查时认为没有必要将案卷退回侦查机关的，可直接进行一些侦查活动。

4. 发现案件中还有其他犯罪行为和犯罪嫌疑人尚未被立案、侦查时，作出对案件和犯罪嫌疑人立案决定，或变更、补充对案件和犯罪嫌疑人的立案决定。

5. 决定将案卷退回侦查机关补充侦查。

6. 决定拆分或合并案件；根据起诉管辖权移送案件；适用简易程序；适用强制治疗措施。

7. 决定延长或不延长起诉期限及适用强制措施、强制办法的期限。

8. 决定起诉。

9. 决定终止或中止案件；决定终止或中止针对犯罪嫌疑人的案件；决定恢复案件，决定恢复针对犯罪嫌疑人的案件。

10. 根据本法典的规定为决定起诉事项执行其他任务和权限。

第237条 检察院在起诉阶段进行检察时的任务和权限

1. 在起诉期间进行检察时，检察院具有以下任务和权限：

（1）对诉讼参加人员的刑事诉讼活动进行检察；要求、建议有权机关、组织和人员严格处理违法的诉讼参加人员；

（2）建议有关机关和组织采取措施预防犯罪和违法行为；

（3）根据本法典规定在起诉期间履行其他检察职责。

2. 有权机关、组织或人员在收到本条第 1 款第（1）和（2）项规定的要求或建议后的 10 日内，应向检察院通报执行要求和建议的情况。

第238条 案件卷宗和侦查结论书的移送和接收

1. 侦查机关、获授权进行部分侦查活动机关移送案件卷宗附建议起诉的侦查结论书和证据（如有）时，检察院须检查和处理如下：

（1）如果案卷中的材料和所附证据（如有）与材料、证据清单核对完整，并且侦查结论书已交给犯罪嫌疑人或其法定代理人的，则接收案件卷宗；

（2）如果案卷中的材料和所附证据（如有）与材料、证据清单核对不完整，或侦查结论书未交给犯罪嫌疑人或其法定代理人的，则不接收案件卷宗，并要求侦查机关、获授权进行部分侦查活动机关补充材料和证据；要求向犯罪嫌疑人或其法定代理人送达侦查结论书。

3. 案件卷宗和侦查结论书的移送和接收应根据本法典第133 条规定制作笔录，并存入案件卷宗中。

第 239 条　起诉的权限分工

1. 对侦查行使公诉权和检察权的检察院负责对案件决定起诉。检察院的起诉管辖权是根据法院对案件的审判管辖权确定的。

如果案件不在自己管辖权之内，检察院应立即作出决定将案件移送给有管辖权的检察院。如果案件要移送到省、直辖市、军区以外的检察院，则由省级人民检察院和军区级军事检察院决定。

上级检察院对侦查行使公诉权和检察权的案件，则由上级检察院决定起诉。在侦查终结至少 2 个月之前，上级检察院必须通知与初审法院同级的下级检察院以便派遣检察员参加对案件卷宗的研究。案件作出起诉决定后，上级检察院要立即作出决定指派下级检察院对审判行使公诉权和检察权。收到案件卷宗及随附的起诉书后，有管辖权的下级检察院依照本法典规定对审判行使公诉权和检察权。

2. 自对案件作出移送管辖决定后的 3 日内，检察院须书面通知完成案件侦查的机关、犯罪嫌疑人或其法定代理人、辩护人、被害人和其他诉讼参加人员。

案件卷宗随附起诉书的移送和送达依据本法典第 240 条第 2 款的规定执行。对于这种情形，起诉期限从有管辖权的检察院收到案件卷宗之日起计算。

第 240 条　决定起诉的期限

1. 从收到案件卷宗和侦查结论书之日起，轻罪和严重犯罪案件在 20 日内，非常严重犯罪和特别严重犯罪案件在 30 日内，检察院必须作出以下决定之一：

（1）向法院起诉犯罪嫌疑人；

（2）退回卷宗要求补充侦查；

（3）终止或中止案件；终止或中止针对犯罪嫌疑人的案件。

必要时，检察长可以延长决定起诉期限，但对于轻罪和严重犯罪案件延长不得超过 10 日，对于非常严重犯罪案件延长不得超过 15 日，对于特别严重犯罪案件，延长不得超过 30 日。

2. 自检察院作出本条第 1 款决定之一后的 3 日内，将案件退回补充侦查须告知犯罪嫌疑人、辩护人或犯罪嫌疑人的法定代理人、被害人；起诉书、终止或中止案件决定、终止或中止针对犯罪嫌疑人的案件决定要送达犯罪嫌疑人或其法定代理人，并送交侦查机关、辩护人，通知被害人、当事人及其合法权益保护人。

上述文书的送交和接收应按照本法典第 133 条规定制作笔录，并存入在案卷中。

如果案件复杂，则可将起诉书、终止或中止案件决定、终止或中止针对犯罪嫌疑人的案件决定送达犯罪嫌疑人或其法定代理人的期限延长，但不得超过 10 日。

3. 本条第 1 款的决定必须立即送交上级检察院。如果上级检察院检察长认为该决定缺乏依据或违反法律的，则有权撤回、终止或撤销，并要求下级检察院按照法律作出决定。

第 241 条　适用、变更、撤销强制措施、强制办法

检察院收到案件卷宗和侦查结论书后，可以依照本法典规定决定适用、变更或撤销强制措施和强制办法。

在起诉阶段适用强制措施的期限不得超过本法典第 240 条第 1 款规定的期限。

第 242 条 起诉阶段合并或拆分案件

1. 有下列情况之一的，检察院应决定合并案件：

（1）犯罪嫌疑人犯多罪的；

（2）犯罪嫌疑人多次犯罪的；

（3）多个犯罪嫌疑人犯一罪，或者连同犯罪嫌疑人还有其他人窝藏、包庇犯罪或不告发犯罪、消费嫌疑人犯罪所得财产的。

2. 有以下情形之一，检察院认为拆分案件对确定案件事实的客观和完整性无影响，且已针对犯罪嫌疑人决定中止侦查的，可将案件拆分：

（1）犯罪嫌疑人逃跑；

（2）犯罪嫌疑人患有严重疾病；

（3）犯罪嫌疑人被适用强制治疗措施。

第十九章 决定起诉犯罪嫌疑人

第 243 条 决定起诉犯罪嫌疑人

检察院通过起诉书向法院起诉犯罪嫌疑人。

起诉书要写明犯罪行为的过程，确定犯罪嫌疑人犯罪行为的证据，犯罪手段、动机、目的，犯罪行为造成损害的性质和程度，适用、变更或撤销强制措施和强制办法情况，刑事责任加重、减轻情节，犯罪嫌疑人的个人特点，扣押、暂扣材料和物品以及物证的处理事项，导致犯罪行为的原因和条件以及对案件有意义的其他情节。

起诉书的结论必须写明犯罪罪名以及适用的《刑法典》的条款项。

起诉书必须写明签发起诉的日期；起诉书签发者的姓名、职务和签名。

第 244 条　将案件卷宗和起诉书移送法院

检察院在签发起诉书后的 3 日内必须将案件卷宗和起诉书移送给法院。如果案件复杂，则将案件卷宗和起诉书移送法院的期限可以延长，但不得超过 10 日。

犯罪嫌疑人被羁押的，检察院应当在羁押期间届满 7 日前通知法院，以便其在接收案卷时审查、决定对犯罪嫌疑人的羁押事宜。

第 245 条　退回案卷作补充侦查

1. 有下列情况之一的，检察院决定退回案件卷宗，并要求侦查机关进行补充侦查：

（1）尚无足够的证据证明本法典第 85 条规定的问题之一而检察院无法自行补充侦查的；

（2）有根据对犯罪嫌疑人增加立案一项或多项其他犯罪的；

（3）有共犯或与该案有关的其他犯罪者尚未被立案的；

（4）严重违反诉讼程序的。

2. 退回补充侦查的决定须载明本条第 1 款规定需要补充侦查的事项以及本法典第 132 条第 2 款规定的内容。

3. 侦查机关有责任完整地按照检察院退回补充侦查决定中所列的要求进行补充侦查；如果因不可抗力或客观障碍无法达到要求，则必须以书面形式列明原因。

在补充侦查结束时，侦查机关必须作出补充侦查结论书。

补充侦查结论书须载明补充侦查的结果和案件解决意见。如果该补充侦查结果使先前的侦查结论发生根本变化，侦查机关则须作出新的侦查结论书予以代替。

将案件卷宗附随补充侦查结论书移交检察院，以及补充侦查结果的送交、接收事项均按照本法典第 232 条和第 238 条的规定执行。

第 246 条　法院要求补充侦查的处理

如果法院决定退回案卷要求补充侦查，则检察院须对补充侦查要求的理由进行审查，并处理如下：

1. 如果退回案卷要求补充侦查的决定有依据，但认为没有必要将卷宗退回侦查机关的，则由检察院直接进行一些侦查活动以补充材料、证据。如果检察院无法自行补充侦查的，则应作出退回侦查机关补充侦查决定，并立即将案卷转给侦查机关进行侦查。

如果补充侦查结果使先前起诉书的内容发生根本变化，则检察院必须作出新的起诉书予以替换，并将案卷移送给法院。如果补充侦查结果导致案件终止的，检察院应当作出终止决定并通知法院。

2. 如果退回案卷要求补充侦查决定没有依据的，检察院则应作出书面文件列明理由，保持原起诉决定并将案卷移送法院。

第 247 条　案件中止

1. 有以下情形之一的，检察院决定中止案件：

（1）有司法鉴定结论确定犯罪嫌疑人患有精神疾病或严重疾病的，可在决定起诉期限届满之前中止该案件；

（2）犯罪嫌疑人逃跑且下落不明，而起诉决定的期限已届满的；在这种情况下，须在中止案件之前要求侦查机关通缉犯罪嫌疑人。对犯罪嫌疑人的通缉应依照本法典第231条的规定执行；

（3）征求鉴定、要求财产评估、请求外国司法协助尚未有结果，但决定起诉的期限届满的。在这种情况下，鉴定、财产评估、司法协助等工作继续进行，直到得出结果为止。

2. 中止案件的决定必须载明中止案件的理由、依据及其他有关事项以及本法典第132条第2款规定的内容。

如果案件中有多个犯罪嫌疑人，而中止案件的理由不是与所有犯罪嫌疑人都有关，则根据实际情况对个别犯罪嫌疑人中止案件。

第248条 终止案件

1. 如果有本法典第155条第2款和第157条规定的依据，或《刑法典》第16条、29条或第91条第2款规定的理由，检察院应当作出不起诉决定和终止案件的决定。

2. 终止案件的决定必须载明终止案件的理由和依据，撤销强制措施、强制办法与处理暂扣的物证、材料和物品（如有）事项，其他相关问题，以及本法典第132条第2款规定的内容。

案件中有多个犯罪嫌疑人，而终止案件的理由不是与所有犯罪嫌疑人都有关，则根据实际情况对个别犯罪嫌疑人终止案件。

第249条 案件的恢复

1. 有理由撤销终止案件或中止案件决定的，且刑事责任追诉时效未到期的情况下，检察院应作出恢复案件的决定。如果根据本法典第157条第5、6款的规定终止案件，但犯罪嫌疑人不同意并要求恢复案件的，则检察院应作出恢复案件的决定。

可以恢复整个案件或只针对个别犯罪嫌疑人恢复案件。

2. 恢复案件的决定须载明恢复案件的理由和依据，其他相关事项以及本法典第 132 条第 2 款规定的内容。

3. 作出决定后 3 日内，检察院须将恢复案件的决定或针对个别犯罪嫌疑人恢复案件的决定送达犯罪嫌疑人或其法定代理人，送交完成案件侦查的机关、辩护人；通知被害人、当事人和其合法权益保护人。

恢复案件和对个别犯罪嫌疑人恢复案件决定的送交、接收应制作笔录并存入案卷。

4. 恢复案件的决定起诉期限根据本法典的一般规定执行，从作出恢复案件决定之日起计算。

5. 恢复案件时，检察院有权根据本法典规定适用、变更或撤销强制措施、强制办法。

如果根据本法典规定需要羁押，则恢复案件的羁押期限不得超过起诉决定的期限。

第四部分　刑事案件审判

第二十章　一般规定

第 250 条　直接言辞和连续审判

1. 审判采取言辞的方式进行。

合议庭须通过询问和听取被传唤出庭的被告、被害人、当事人或其法定代理人、证人、鉴定人和其他参与人意见，审核、检查所收集的材料和证据，出示笔录、材料和进行其他诉讼活动以检查证据，听取检察员、辩护人以及被害人、当事人合法权益保护人意见等方式直接确定案件的情节。

2. 除休息时间和暂停审理的时间外，审判应连续进行。

第 251 条　暂停审理

1. 有下列情形之一的，可暂停审理：

（1）需要核实、收集和补充证据、材料、物品而无法在庭审中当即进行，但可以在暂停审理之日起 5 日内进行的；

（2）由于健康状况、不可抗力事件或客观障碍，有权诉讼工作人员或诉讼参加人员无法继续参加庭审，但可以在暂停审理之日起 5 日内重新参加庭审的；

（3）庭审中书记员缺席的。

2. 暂停审理须记入庭审笔录，并告知诉讼参加人员。暂停审理的期限为自决定暂停审理之日起不超过 5 日。暂停审理期限届满后，案件审理继续进行。如果无法继续审理此案，则必须延期审理。

第 252 条 法院核实、收集和补充证据

法院通过以下活动进行证据的核实、收集和补充：

1. 接收由机关、组织或个人提供的与案件有关的证据、材料和物品；

2. 要求机关、组织和个人提供与案件有关的材料和物品；

3. 到现场查验无法带到审判庭的证据；

4. 到犯罪发生地或者与案件有关的其他地点进行查验；

5. 对本法典第 206 条和第 215 条规定必须征求鉴定、要求财产评估之外的情形征求鉴定、要求财产评估；征求补充鉴定、重新鉴定；要求重新进行财产评估；

6. 如果法院已要求检察院补充证据，但检察院无法补充证据的，则法院可以进行核实、收集材料和证据以解决案件。

第 253 条 接收与案件有关的证据、材料和物品

1. 当有机关、组织和个人提供与案件有关的证据、材料和物品时，审判长须接收，并可以向提供人询问与证据、材料和物品相关的问题。接收事项应制作笔录。

2. 法院在收到机关、组织和个人提供的证据、材料和物品后，须立即将其转交给同级检察院。检察院自收到证据、材料和物品之日起 3 日内须进行审查并将其交回法院以存入案卷。

第 254 条 合议庭的组成

1. 初审合议庭由 1 名审判员和 2 名陪审员组成。对于情节严重、复杂的案件，初审合议庭可以由 2 名审判员和 3 名陪审

员组成。

对于有被告所犯之罪依《刑法典》规定最高刑为无期徒刑或死刑的案件，初审合议庭应由 2 名审判员和 3 名陪审员组成。

2. 复审合议庭由 3 名审判员组成。

第 255 条　将案件提交审判的决定

1. 将案件提交初审审判的决定须载明：

（1）作出决定的年、月、日；作出决定的法院名称；开庭的年、月、日、时和地点；

（2）公开审判或不公开审判；

（3）被告的姓名、出生日期、出生地点、职业和居住地；

（4）检察院针对被告起诉的罪名及其《刑法典》的条、款、项；

（5）审判员、陪审员、书记员的姓名；候补审判员、候补陪审员、候补书记员的姓名（若有）；

（6）在庭审时行使公诉权、检察权的检察员姓名；候补检察员的姓名（若有）；

（7）辩护人的姓名（若有）；

（8）翻译人员的姓名（若有）；

（9）被传唤参加审判的其他人姓名；

（10）需要在庭审时出示审查的物证。

2. 将案件提交复审审判的决定须载明本条第 1 款第（1）、（2）、（6）、（7）、（8）、（9）、（10）项中规定的内容，以及初审法院判定的罪名和刑罚；上诉人、被上诉人和被抗诉人的姓名；抗诉检察院；审判员和书记员的姓名；候补审判员、候补书记员的姓名（若有）。

第 256 条 庭审规则

1. 进入审判法庭的每个人都必须着装严肃，接受安全检查并遵守书记员的指引。

2. 审判法庭里的每个人都必须尊重合议庭，保持秩序并遵守审判长的指令。

3. 在合议庭进入审判法庭和宣读判决时，法庭里的每个人都必须起立。在检察员宣读起诉书或起诉决定时，被告必须起立。被法院传唤到审判法庭的人想陈述意见的，必须要征得审判长的批准；发表意见者在发表意见和被提问时必须起立。

出于健康原因的人可由审判长准予坐下。

4. 在法庭上，被羁押的被告人只能与其辩护人接触。与他人接触必须经审判长允许。

5. 16 岁以下的人不得进入审判法庭，由法院传唤出席法庭的情形除外。

第 257 条 审判法庭

1. 审判法庭的布置必须体现出庄严、安全并保障行使公诉权的人与律师、其他辩护人之间的平等。

2. 最高人民法院院长对本条制定实施细则。

第 258 条 庭审笔录

1. 庭审笔录须载明开庭的年、月、日、时和地点，以及从庭审开始到结束的所有过程。除了书面笔录外，还可以对庭审过程进行录音或有声录像。

2. 庭审中的提问、回答、陈述和决定均必须记入笔录。

3. 庭审结束后，审判长须立即核对笔录并与书记员在笔录上签字。

4. 审判长与书记员在笔录上签名后，检察员、被告人、辩护人、被害人、当事人和其合法权益保护人或他们的法定代理人可查看庭审笔录。如果有人要求对庭审笔录进行修改、补充，书记员则须将修改、补充意见记入笔录。不得直接删除或修改，而是在原庭审笔录末尾接着记录这些修改和补充意见，并与审判长一起签字确认；如果审判长不接受该修改、补充要求，则须列明原因并将其记录在庭审笔录中。

第 259 条　合议笔录

1. 合议须制作笔录。

合议笔录须于宣判之前由合议庭所有成员在合议室签名。

2. 初审合议庭的合议笔录应载明：

（1）制作笔录的年、月、日、时；初审法院的名称；

（2）审判员或陪审员的姓名；

（3）提交审理的案件；

（4）合议庭对本法典第 326 条第 3 款所规定讨论的每个议题表决结果及其他意见（如有）。

3. 复审合议庭的合议笔录须载明本条第 2 款第（1）、（3）、（4）项内容以及审判员的姓名。

第 260 条　判决

1. 法院代表越南社会主义共和国作出判决。

判决必须由合议庭的所有成员签名。

2. 初审判决必须载明：

（1）初审法院的名称；受理案件的编号和日期；判决案号和宣判日期；合议庭各成员、书记员、检察员的姓名；被告人的姓名、出生日期、出生地、居住地、职业、文化程度、民族、前科和前事；被告被拘押、羁押的日期；被告法定代理人的姓名、年龄、职业、出生地和居住地；辩护人、证人、鉴定人、财产评估人、翻译人员、编译人员和法院传唤参加审判的其他人的姓名；被害人、当事人及其法定代理人的姓名、年龄、职业和居住地；决定提交审理案件决定的编号和日期；公开审判或非公开审判；审判时间和地点；

（2）起诉书或起诉决定的编号、日期；起诉检察院的名称；检察院所起诉罪名中的被告人行为；适用罪名及《刑法典》条、款、项，检察院建议对被告人适用的刑罚、附加刑、司法措施、损害赔偿责任；物证处理；

（3）辩护人、被害人、当事人和其他法院传唤参加庭审人员的意见；

（4）合议庭的认定部分须对有罪证据、无罪证据进行分析，确定被告是否有罪，如果被告有罪则为何罪，依据《刑法典》和其他规范性法律文件中的何条、款、项，从重、减轻刑事责任的情节及其如何处理。如果被告无罪，判决则须说明被告无罪的理由，并依法解决其名誉、合法权益的恢复问题；

（5）合议庭不接受控罪证据、无罪证据以及检察员、被告人、辩护人、被害人、当事人及其法定代理人、合法权益保护人的要求和建议的理由分析；

（6）对侦查、起诉和审判过程中侦查员、检察员、辩护人行为、决定的合法性分析；

（7）合议庭就该案须解决的各个问题，以及对本判决的案费和上诉权所作出的各项判决。如果其中有必须立即执行的判决项，则必须在该判决项中说明。

3. 复审判决必须载明：

（1）复审法院的名称；受理案件的编号和日期；判决案号和宣判日期；合议庭各成员、书记员、检察员的姓名；有上诉、被上诉、被抗诉的被告人以及没有上诉、被上诉、被抗诉但复审法院进行了审查的被告人姓名、出生日期、出生地、居住地、职业、文化程度、民族、前科和前事；被告被拘押、羁押的日期；被告人的法定代理人的姓名、年龄、职业、出生地和居住地；辩护人、证人、鉴定人、财产评估人、翻译人员和法院传唤参加审判的其他人的姓名；被害人、当事人及其法定代理人的姓名、年龄、职业和居住地；提出抗诉的检察院名称；公开审判或非公开审判；审判时间和地点；

（2）初审判决中案件内容和判决项的简述；上诉和抗诉的内容；复审合议庭的认定，接受或不接受上诉或抗诉的理由；复审合议庭解决案件所依据的《刑法典》和其他规范性法律文件的条、款、项；

（3）复审合议庭就该案因上诉、抗诉须解决的各个问题，以及初审与复审案费所作出的各项判决。

第261条　判决的修改与补充

1. 不得修改和补充判决，除非发现有明显的打字错误及因误解或计算错误而引起的数据错误。

判决的修改和补充不得改变案件的性质或不利于被告人和其他诉讼参加人员。

判决的修改和补充以书面形式作出，并立即交给本法典第262条所规定的人员。

2. 本条第1款所规定的修改和补充判决事项应由原作出该

判决的审判长进行。如果审判长无法进行，则由原审理该案法院的院长对判决进行修改和补充。

第 262 条 判决的交付和送达

1. 初审法院必须在宣判后 10 日内将判决书交付被告人、被害人、同级检察院和辩护人；将判决书寄送依本法典第 290 条第 2 款第（3）项规定缺席审判的被告人、直接上级检察院、同级侦查机关、有管辖权的刑事执行机关以及正在关押被告的拘留所和看守所；书面通知被告人所居住的乡、坊、镇政府或被告人工作、学习的机关或组织；向当事人或其法定代理人提供判决书副本或判决中相关部分的摘录。

依本法典第 290 条第 2 款第（1）、（2）项规定缺席审判的，在上述期限内，必须将判决张贴在被告最后居住地的乡、坊、镇人民政府或被告人最后工作、学习的机关、组织办公场所。

初审判决有处以罚金、没收财产和附带民事判决的，初审法院要依照《民事执行法》的规定，将判决书交送有管辖权的民事执行机关。

2. 自宣判之日或作出决定之日起 10 日内，复审法院须将复审判决或复审决定送交同级检察院，有管辖权的刑事执行机关，初审地的侦查机关、检察院、法院，正在关押被告人的拘留所、看守所，提出上诉的人，与上诉、抗诉有关的权利义务人或其代表，对复审判决处以罚金、没收财产和附带民事判决内容有执行管辖权的民事执行机关；书面通知被告所居住的乡、坊、镇政府或被告人工作、学习的机关或组织；高级人民法院复审的，该期限可以延长，但不得超过 25 日。

第 263 条　庭审时的翻译

1. 如果被告人、被害人、当事人、证人不懂越南语，或是聋哑人的，则须有翻译人员给其翻译，使其能够听懂或知晓法庭上的陈述、合议庭的决定以及与其有关的其他事项。

2. 翻译人员须将本条第 1 款规定人员的陈述、提问和回答翻译成越南语给合议庭和其他参加庭审人员听。

第 264 条　建议纠正管理中的缺陷和违法行为

1. 法院在作出判决的同时，应建议有关机关和组织适用必要措施克服在该机关和组织内发生犯罪的原因和条件。机关或组织在收到法院的提议书后 30 日内，须以书面形式将适用的措施通知法院。

2. 法院的建议可以在庭上与判决一起宣读，或单独发送给有关机关或组织。

第 265 条　建议主管机关审议和处理法律文本

在审理刑事案件的过程中，法院发现并建议主管机关审查修改、补充或撤销违反宪法、法律、国会议决以及国会常务委员会法令、议决的法律文件，以确保机关，组织和个人的合法权益。

审查、回复法院所建议法律文件的处理结果，应按照法律规定进行。

第 266 条　检察院在审判阶段行使公诉权的任务和权限

1. 在初审阶段行使公诉权时，检察院具有以下任务和权限：

（1）宣读起诉书，根据简易程序宣读起诉决定，以及在庭审中宣读关于对被告控罪的其他决定；

（2）讯问，审查物证，审验现场；

（3）论证犯罪，辩论，撤回部分或全部起诉决定；以其他同等或更轻的罪作为结论；在庭审中发表检察院对案件的解决意见；

（4）对存在冤、错、放纵犯罪或犯罪人的法院判决、决定提出抗诉；

（5）根据本法典规定在初审阶段行使公诉权时实施其他任务和权限。

2. 在复审阶段行使公诉权时，检察院具有以下任务和权限：

（1）发表关于上诉、抗诉内容的意见；

（2）补充新证据；

（3）补充、变更抗诉；撤回部分或全部抗诉；

（4）讯问，审查物证，审验现场；

（5）在庭审或会议上陈述检察院对案件的公诉意见；

（6）在庭审中与被告、辩护人和其他诉讼参加人员进行辩论；

（7）根据本法典规定在复审阶段行使公诉权时实施其他任务和权限。

第 267 条　检察院在检察审判工作中的任务和权限

1. 对法院刑事案件审判工作遵守法律情况进行检察。

2. 对诉讼参加人员遵守法律情况进行检察；要求、建议有权机关和组织严格处理违法的诉讼参加人员。

3. 对法院的判决、决定和其他诉讼文件进行检察。

4. 要求同级或下级法院移送刑事案件卷宗，以审查、决定抗诉事项。

5. 对法院严重违反诉讼程序的判决、决定提起抗诉。

6. 建议、要求法院、机关、组织和个人根据本法典的规定进行诉讼活动；建议法院克服诉讼中的违法行为。

7. 建议有关机关和组织在管理活动中采取措施预防犯罪和违法行为。

8. 在根据本法典的规定进行检察审判刑事案件时，行使请求、提议、执行其他任务和权限的权利。根据本法典规定在刑事案件检察工作中行使其他要求建议权及相关任务和权限。

第二十一章　初审程序

第一节　各级法院的审判管辖权

第 268 条　法院的审判管辖权

1. 县级人民法院和区域军事法院对轻罪、严重犯罪和非常严重犯罪的刑事案件行使初审管辖权，但以下犯罪除外：

（1）侵犯国家安全罪；

（2）破坏和平罪、反人类罪和战争罪；

（3）《刑法典》第 123、125、126、227、277、278、279、280、282、283、284、286、287、288、337、368、369、370、371、399 和 400 条规定的犯罪；

（4）在越南社会主义共和国境外所犯的罪。

2. 省级人民法院和军区级军事法院对下列案件刑事初审管辖权：

（1）不属于县级人民法院和区域军事法院管辖范围之内的刑事犯罪案件；

（2）有被告人、被害人、当事人在国外或与案件有关的财产在国外的刑事案件；

（3）由县级人民法院和区域军事法院管辖的刑事案件，但有许多复杂情节，难以对案件性质进行评定、达成一致意见，或涉及多个阶层、多个行业的案件；或审判员、检察员、侦查员，以及县、郡、县级城镇、省辖市、直辖市所辖的市的主要领导干部，宗教组织的主职人员或在少数民族中享有很高声誉的人作为被告人的案件。

第 269 条　地域管辖

1. 刑事案件的审判管辖法院为犯罪实施地的法院。如果在多地实施犯罪或实施犯罪地点无法确定，则由侦查终结地法院作为管辖法院。

2. 如果被告人在国外犯罪而在越南进行审判的，则应由被告人在国内最后住所的省级人民法院管辖。如果无法确定被告在国内的最后住所，则根据具体情况，由最高人民法院院长指定河内市人民法院、胡志明市人民法院或岘港市人民法院管辖。

被告人在外国犯罪属于军事法院管辖的，则由中央军事法院院长指定军区军事法院管辖。

第 270 条　在越南社会主义共和国领空或领海外的越南飞机或船舶上犯罪的审判管辖权

在越南社会主义共和国领空或领海外的越南飞机或船舶上犯罪的，由最先返回的越南机场或港口所在地的法院或飞机、轮船登记地的法院管辖。

第 271 条　对于被告犯有多罪由不同级别法院管辖的审理

如果被告人犯有多罪，其中有由上级法院管辖的犯罪，则由上级法院审理整个案件。

第 272 条　军事法院的审判管辖权

1. 军事法院对以下案件有管辖权：

（1）案件被告人是在伍军人，国防公职、工人及事业编制人员，在集中训练期间或检查随时战斗状态的预备军人，在集中训练期间或在战斗及战斗服务中隶属于人民军队的民兵和自卫队员，被动员、征集或签合同进入人民军队服务的公民；

（2）被告人虽不是本条第 1 款第（1）项所指对象，但案件涉及军事机密，或损害到在伍军人，国防公职、工人及事业编制人员以及在集中训练期间或检查随时战斗状态的预备军人的生命、健康、名誉和尊严，或损害到人民军队的财产、名誉及威信，或在人民军队管理、保卫的军营或军事地区进行犯罪的案件。

2. 军事法院对戒严地区内发生的所有犯罪行使审判管辖权。

第 273 条　审理被告犯有由人民法院和军事法院管辖的多罪案件

案件既有被告人或犯罪在军事法院管辖范围内，又有被告人或犯罪在人民法院管辖范围内的，则审判管辖权按以下规定执行：

1. 案件可以拆分的，则军事法院审理军事法院管辖范围内的被告人和犯罪；人民法院审理人民法院管辖范围内的被告人和犯罪；

2. 如果案件无法拆分，则由军事法院审理整个案件。

第 274 条　审判期间案件的移送

1. 当案件不在其管辖范围之内时，法院应将案件卷宗退回原移送案卷的检察院，再由其移送给有起诉管辖权的检察院。

原起诉检察院收到退回案卷之日起 3 日内须作出决定将案卷移送给有起诉管辖权的检察院，以按管辖权处理案件。案件须移送到省、直辖市或军区以外范围的，依照本法典第 239 条的规定执行。

检察院认为案件仍属于退回案卷的法院管辖的，应将案卷连同说明理由的书面文件移送回该法院。如果该法院仍坚持认为该案不属其管辖的，则关于管辖权争议应依据本法典第 275 条的规定解决。检察院必须依照有权法院的决定执行。

2. 起诉和适用强制措施的期限依据本法典第 240 条和第 241 条规定执行。

第 275 条　关于审判管辖权争议的解决

1. 在同一省或直辖市内的县级人民法院或在同一军区内的区域军事法院之间的审判管辖权争议，由省级人民法院院长和军区军事法院院长决定。

2. 在不同省或直辖市的县级人民法院或在不同军区的区域军事法院之间的审判管辖权争议，由侦查终结地省级人民法院院长或军区军事法院院长决定。

3. 省级人民法院之间以及军区军事法院之间的管辖权争议，由最高人民法院院长或中央军事法院院长决定。

4. 人民法院与军事法院之间关于管辖权的争议，由最高人民法院院长决定。

根据管辖权移送审理案件，应依据本法典第 274 条的规定执行。

第二节　审判准备

第 276 条　接收案件卷宗、起诉书及受理案件

1. 当检察院提交起诉书、案卷和所附的物证（如有）时，

法院必须审查并处理如下：

（1）如果案件卷宗中的材料和所附证据（如有）与材料、物证清单一致，且起诉书已送达犯罪嫌疑人或其法定代理人，则接收案件卷宗；

（2）如果案件卷宗中的材料和所附证据（如有）与材料、物证清单相比不完整，或起诉书尚未送达犯罪嫌疑人或其法定代理人，则暂不接收案件卷宗，并要求检察院补充材料和物证；要求将起诉书送达犯罪嫌疑人或其法定代理人。

2. 移送和接收案卷与起诉书要根据本法典第 133 条规定制作笔录，并存入案件卷宗中。

接收起诉书和案卷后，法院必须立即受理该案。在案件受理之日起的 3 日内，法院院长须指派审判长处理案件。

第 277 条　审判准备的期限

1. 从受理案件之日起，轻罪案件在 30 日内，严重犯罪案件在 45 日内，非常严重犯罪案件在 2 个月内，特别严重犯罪案件在 3 个月内，审判长须作出以下决定之一：

（1）将案件提交审判；

（2）退还案卷要求补充侦查；

（3）中止案件或终止案件。

对于复杂的案件，法院院长可以决定将审判准备期限延长，但对于轻罪和严重犯罪案件，不得超过 15 日，对于非常严重和特别严重犯罪案件，不得超过 30 日。延长审判准备期限须立即通报同级检察院。

2. 对于要求补充侦查后重新移送的案件，在接受卷宗后的 15 日内，审判长必须作出将案件提交审判的决定。恢复案件的，审判准备期限则从法院作出恢复案件决定之日起，按本法典的一般规定程序执行。

3. 在作出将案件提交审判决定后 15 日内，法院必须开庭审判；如果发生不可抗力或客观障碍，法院可在 30 日内开庭审判。

第 278 条　适用、变更和撤销强制措施、强制办法

1. 案件受理后，审判长决定强制措施、强制办法的适用、变更和撤销，但羁押措施的适用、变更或撤销由法院院长、副院长决定。

2. 为作审判准备而羁押的期限不得超过本法典第 277 条第 1 款规定的审判准备期限。

3. 对于被羁押的被告，开庭之前羁押期限已届满，如果认为有必要继续羁押以完成审判，合议庭则可签发羁押令，直至开庭结束。

第 279 条　开庭前对相关要求和建议的处理

1. 在开庭之前，审判长必须处理以下要求和建议：

（1）检察员、诉讼参加人员就提供和补充证据，传唤证人、有权诉讼工作人员和其他诉讼参加人员到庭，更换合议庭成员、书记员等事项提出的要求；

（2）被告人或其法定代理人、辩护人关于变更、撤销强制措施、强制办法的建议；

（3）检察员、诉讼参加人员关于适用简易程序、公开审判或非公开审判的建议；

（4）诉讼参加人员关于缺席审判的建议。

2. 如果认为要求、建议是有依据的，审判长则应根据其权限予以解决，或向根据本法典规定有权解决的人报告，并通知

提出要求、建议的人；如果不接受该要求、建议的，则需书面告知并列明理由。

第280条　退回案卷以作补充侦查

1. 有下列情形之一的，审判长应作出将案件卷宗退回检察院作补充侦查的决定：

（1）缺乏证据证明本法典第85条所规定的问题之一，且无法在庭审时补充的；

（2）有根据表明，除了检察院起诉的行为外，犯罪嫌疑人还实施了《刑法典》规定的其他犯罪行为的；

（3）有根据表明，还有其他共犯或其他人实施了《刑法典》规定的与本案有关的犯罪行为，但尚未立案或尚未对犯罪嫌疑人立案的；

（4）立案、侦查、起诉严重违反诉讼程序的。

2. 如果检察院发现需要退还案卷以作补充侦查的，则应以书面文件建议法院退还案卷。

3. 退回案卷以作补充侦查的决定必须写明需要补充侦查的事项，并在作出决定之日起3日内将其与案件卷宗一起交给检察院。

如果补充侦查结果导致案件终止，检察院则应作出终止案件决定，并在作出决定之日起3日内通知法院。

如果补充侦查结果导致须变更起诉决定的，则检察院应作出新的起诉书以取代先前的起诉书。

如果检察院未能补充法院要求的事项并坚持原起诉决定，法院则应对该案进行审理。

第 281 条　中止案件

1. 有以下情况之一的，审判长作出中止案件的决定：

（1）具有本法典第 229 条第 1 款第（2）、（3）项规定的理由；

（2）犯罪嫌疑人、被告人下落不明，且审判准备期限已届满；对于这种情况，在中止案件之前须要求侦查机关对犯罪嫌疑人、被告作出通缉决定。通缉犯罪嫌疑人、被告人依本法典第 231 条规定执行；

（3）等待法院提出的法律文件处理结果。

2. 如果案件有多个犯罪嫌疑人和被告人，但中止事由并非与所有犯罪嫌疑人和被告人都有关，则可单独对犯罪嫌疑人、被告人中止案件。

3. 中止案件决定必须写明中止的理由和本法典第 132 条第 2 款规定的内容。

第 282 条　终止案件

1. 有下列情况之一的，审判长作出终止案件的决定：

（1）具有本法典第 155 条第 2 款或第 157 条第 3、4、5、6、7 项规定的理由之一；

（2）检察院在开庭前撤回了所有起诉决定。

如果案件有多个犯罪嫌疑人和被告人，但终止事由并非与所有犯罪嫌疑人和被告人都有关，则可单独对犯罪嫌疑人、被告人终止案件。

2. 终止案件决定必须写明终止的理由和本法典第 132 条第 2 款规定的内容。

第 283 条　恢复案件

1. 如果有理由撤销中止案件决定，或者有理由撤销追诉时效期限未到期的终止案件决定，则由原作出中止案件、终止案件决定的审判员作出恢复案件决定。

原作出中止案件、终止案件决定的审判员无法执行的，则由院长作出恢复案件决定。

2. 如果中止案件、终止案件决定是针对某犯罪嫌疑人、被告人单独作出的，则恢复案件决定也要单独作出。

3. 恢复案件决定须写明恢复案件的理由以及本法典第 132 条第 2 款规定的内容。

4. 在恢复案件时，法院有权根据本法典规定适用、变更或撤销强制措施、强制办法。

如果有本法典规定的理由需要羁押，则恢复案件的羁押期限不得超过准备审判的期限。

第 284 条 要求检察院补充材料、证据

1. 当发现需要补充解决该案所必需的材料和证据，但又不必将案卷退回补充侦查时，审判长可要求检察院进行补充。

2. 补充材料、证据要求须以书面形式提出，列明需要补充的材料和证据，并在作出书面要求后的 2 日内交给同级检察院。

3. 检察院应在收到法院要求后的 5 日内向法院送交所要求补充的材料和证据。如果检察院未能补充材料和证据，法院则继续对案件进行审判。

第 285 条 检察院撤回起诉决定

检察院发现有本法典第 157 条规定的理由或者有《刑法典》第 16 条、29 条和第 91 条第 2 款规定的理由时，检察院应当在法院开庭审理之前撤回起诉决定并建议法院终止案件。

第286条　初审法院决定的交付和送达

1. 在开庭至少10日前，将案件提交审判的决定要送达被告人或其法定代理人，交付辩护人、被害人和当事人。

如果被告人缺席，将案件提交审判的决定则要交付给被告人的辩护人或法定代理人；将案件提交审判的决定还须张贴在被告最后居住的乡、坊、镇人民政府办公地或最后工作、学习的机关、组织办公地。

2. 法院中止、终止案件或恢复案件的决定应自作出决定之日起3日内送达犯罪嫌疑人、被告人、被害人或其法定代理人，并送交其他诉讼参加人员。

3. 指派审判员作为审判长的决定、将案件提交审判的决定、终止案件决定、中止案件决定以及恢复案件的决定，必须自作出决定后2日内送交同级检察院。终止案件决定、中止案件决定还须在作出决定后2日内送交其直接上级检察院。

4. 适用、变更、撤销强制措施、强制办法的决定应在作出决定后的24小时内送交犯罪嫌疑人、被告人、同级检察院及羁押犯罪嫌疑人、被告人的看守场所。

第287条　传唤需要讯问的人出席法庭

根据将案件提交审判决定以及检察员、辩护人和其他诉讼参加人员的要求，审判长应传唤需要讯问的人出席法庭。

第三节　庭审程序的一般规定

第288条　合议庭成员和书记员出庭

1. 只有在合议庭成员和书记员都到庭时才能开庭。各合议庭成员必须全过程审理案件。

2. 如果有审判员或陪审员不继续参加审理案件，但有候补审判员、候补陪审员从开始就参加审判，则该人可被替换为合议庭成员。如果合议庭有 2 名审判员，而审判长不能继续参加审判，则由另一名审判员担任审判长，候补审判员将补充为合议庭成员。

3. 如果没有候补审判员、候补陪审员可以替代，或者是需替换的是审判长，但没有本条第 2 款规定可替代审判长的审判员，则必须延期审理。

4. 如果书记员被要求回避或不能继续参加审判，但如果有候补书记员，法院仍可审理此案；如果没有替代者，则需暂停审理。

第 289 条　检察员出庭

1. 同级检察院的检察员须到庭行使公诉权，并对审判进行检察；如果检察员缺席，则必须延期审理。对于严重和复杂的案件，可以有多位检察员。如果检察员不能到庭，有候补检察员从开始就到庭的，则由该候补检察员代替其在庭上行使公诉权和检察权。

2. 如果检察员回避或无法继续行使公诉权和检察权，且无候补检察员替代的，则合议庭应延期审理。

第 290 条　被告人出庭

1. 被告人必须根据法院的传票全程出席审判；如果非出于不可抗力或客观障碍而不到庭，则采取押解；如果被告人由于不可抗力或客观障碍而缺席，则必须延期审理。

如果被告人患有精神疾病或重病，合议庭应中止案件，直至被告人治愈。

如果被告人逃跑，合议庭应中止案件，并要求侦查机关通缉被告人。

2. 只有在以下情况中，法院可对被告人进行缺席审判：

（1）被告人逃跑且经通缉无结果；

（2）被告人在国外且无法被传唤到庭；

（3）被告人提议缺席审判并获得合议庭同意；

（4）如果被告人缺席不是由于不可抗力或客观障碍所致，且被告人缺席不妨碍审判。

第 291 条　辩护人出庭

1. 辩护人必须出庭为自己已接受为其辩护的人进行辩护。辩护人可以将辩护词先交给法院。辩护人如果由于不可抗力或客观障碍而第一次不到庭的，则法院必须延期审理，除非被告人同意在辩护人缺席的情况下进行审判。如果辩护人不是由于不可抗力或客观障碍而不到庭，或第二次合理传唤后辩护人仍不到庭，则法院应继续开庭审判。

2. 如果按照本法典第 76 条第 1 款规定指定的辩护人没到庭，合议庭必须延期审理，除非被告人或其代表同意在辩护人缺席的情况下审判。

第 292 条　被害人、当事人或其法定代理人出庭

1. 如果被害人、当事人或其法定代理人不到庭，则合议庭根据具体情况而定，可决定延期审理或继续进行审判。

2. 如果认为被害人、当事人不到庭只是对解决损害赔偿有障碍，则合议庭可依法将赔偿事宜拆分出来后择期再进行审判。

第 293 条　证人出庭

1. 证人出庭是为了查清案件的一些事实和情节。如果证人不到庭，但以前在侦查机关已陈述过证词，则审判长应出示该证词。未到庭证人要证明的事实是案件重要事项的，合议庭视案件情况决定延期审理或继续进行审判。

2. 如果被法院传唤的证人不是由于不可抗力或客观障碍而故意不到庭，阻碍审判的，合议庭则可以根据本法典规定作出引解的决定。

第 294 条　鉴定人和财产评估人出庭

1. 鉴定人和财产评估人在法院召集时应出庭。

2. 如果鉴定人和财产评估人不到庭，合议庭则应根据具体情况而决定延期审理或继续进行审判。

第 295 条　翻译和编译人员出庭

1. 翻译和编译人员应根据法院召集出庭。

2. 如果翻译和编译人员缺席而没有其他人代替，合议庭则应决定延期审理。

第 296 条　侦查人员和其他人员出庭

在审判期间，合议庭认为必要时，可以召集侦查员，已受理、处理案件的有权诉讼工作人员以及其他人出庭陈述与案件有关的问题。

第 297 条　延期审理

1. 有以下情形之一的，法院可延期审理：

（1）具备本法典第 52、53、288、289、290、291、292、293、294 和 295 条规定的理由之一；

（2）需要核实、收集补充证据、材料和物品，但无法在庭审中实现；

（3）需要进行重新鉴定或补充鉴定；

（4）需要财产评估或重新评估。

如果延期审理，案件则必须全部重新审理。

2. 初审延期审理的期限为自作出决定之日起不超过 30 日。

3. 延期审理决定具有以下主要内容：

（1）作出决定的日期；

（2）法院名称以及审判员、陪审员、书记员的姓名；

（3）在庭上行使公诉权和检察权的检察员姓名；

（4）被提交审判的案件；

（5）延期审理的理由；

（6）重新开庭审判的时间和地点。

4. 延期审理决定必须由审判长代表合议庭签发。如果审判长不在或变更，则由法院院长签发延期审理决定。

延期审理决定必须自决定签发之日起 2 日内立即通知出庭的诉讼参加人员；寄送同级检察院和未到庭人员。

第 298 条　审理界限

1. 法院根据检察院所起诉和法院已决定提交审判的罪名对被告人及其犯罪行为进行审理。

2. 法院可根据检察院起诉的同一法条的另一款规定或者另一相当或较轻的罪对被告进行审理。

3. 如果认为需要以比检察院起诉更重的罪名审理被告，法院应将案件退回检察院重新起诉，并将原因明确告知被告人或其法定代理人、辩护人；如果检察院仍然维持原来所起诉的罪名，法院则有权以比其较重的罪审理被告。

第 299 条　法院的判决和决定

1. 判决须得合议庭在合议室讨论通过。

2. 关于回避更换合议庭成员、检察员、法院书记员、鉴定人员、财产评估人员、翻译人员、编译人员，以及中止或终止案件、延迟审理、逮捕羁押和释放被告等决定必须在合议室讨论通过，并作成书面文件。

3. 其他事项的决定须经合议庭在法庭上讨论通过，不需作成书面文件，但应记入庭审笔录。

第四节　开庭程序

第 300 条　开庭准备

在开庭审理之前，法院书记员必须进行以下事项：

1. 检查法院传唤的人员的出席情况；如果有人缺席，则必须说明原因；

2. 宣读庭审纪律。

第 301 条　开庭开始

1. 审判长宣布开庭，并宣读将案件提交审判的决定。

2. 法院书记员向合议庭报告法院传唤人员到庭情况以及缺席原因。

3. 审判长重新检查根据法院传唤出席庭审的人员情况，检查其个人履历并告知其权利和义务。

第 302 条　处理要求回避更换审判员、陪审员、检察员、法院书记员、鉴定人员、财产评估人员、翻译人员、编译人员的申请

审判长须询问检察员和参加庭审的诉讼参加人员是否有回避更换审判员、陪审员、检察员、法院书记员、鉴定人员、财产评估人员、翻译人员、编译人员的要求，以及要求回避更换的理由。如果有人提出要求，合议庭要予以审查决定。

第 303 条　翻译人员、编译人员、鉴定人员、财产评估人员的保证

审判长在告知翻译人员、编译人员、鉴定人员、财产评估人员的权利和义务之后，应要求上述相关人员作出履行职责保证。

第 304 条　证人的保证，证人的隔离

1. 审判长在告知证人其权利和义务后，应要求证人作出诚实作证的保证。

2. 在询问证人之前，审判长应采取措施防止证人相互听到对方的证言或与有关人员接触。如果被告人和证人的证言有相互影响的，则审判长须在对证人进行询问之前将被告人与证人隔离。

第 305 条　处理要求审查证据和有人缺席时的延期审理请求

审判长须询问出席审判的检察员和参加庭审的诉讼参加人员是否有要求传唤新的证人或要求提交其他新的证据、材料。如果有诉讼参加人员缺席，或者虽然到庭，但由于健康原因而不能参加诉讼，审判长须询问是否有人要求延期审理；如果有人提出此要求，合议庭应予以审查决定。

第五节　法庭争讼程序

第 306 条　宣读起诉书

在法庭调查之前，检察员应宣读起诉书并陈述补充意见（如有）。补充意见不得对被告人不利。

第 307 条　法庭调查程序

1. 合议庭必须逐个充分确定每一个犯罪事实、每一个罪名及每一个人的具体情况。审判长对法庭调查事项进行控制，根据合理顺序决定谁先问、谁后问。

2. 在对被告人逐个讯问时，审判长最先发问，然后决定由审判员、陪审员、检察员、辩护人、当事人的合法权益保护人进行发问。

诉讼参加人员在庭上有权提议审判长对需要进一步查清的问题进行补充发问。

可就鉴定与资产评估有关的事项对鉴定人和财产评估人发问。

3. 在讯问的同时，合议庭审查该案的有关物证。

第308条 出示在侦查和起诉阶段的言辞证据

1. 如果被审问对象到庭，合议庭、检察员就不得出示其在侦查和起诉阶段的言辞证据。

2. 在侦查和起诉阶段的言辞证据只能在以下情形中出示：

（1）被审问对象在侦查和起诉阶段的言辞证据与他们庭审现场的陈述有冲突；

（2）被审问对象在法庭上不作陈述或不记得其在侦查和起诉阶段所作的陈述；

（3）被审问对象要求出示其在侦查和起诉阶段所作的陈述；

（4）被审问对象没出庭或已死亡。

3. 在需要保守国家机密，保守民族的良风美俗，以及根据诉讼参加人员的要求保守行业秘密、商业秘密、个人隐私和家庭秘密等特殊情况下，或合议庭认为有必要的，则不出示案件卷宗中的材料。

第309条 讯问被告人

1. 审判长必须逐个单独讯问每名被告人。如果一名被告人的供述可能影响到另一名被告人的供述，则审判长必须将其隔离。被隔离的被告人可获告知前一被告人供述的内容，并有权向前一被告人提问。

2. 被告人就起诉书和相关案件情节陈述意见。合议庭进一步对被告人陈述的不足或矛盾之处进行提问。

检察员就与案件控罪、无罪和其他情节有关的证据、材料和物品向被告人进行讯问。

辩护人就与辩护有关的证据、材料和物品以及案件的其他情节向被告人发问。

被害人和当事人的合法权益保护人就与保护当事人利益相关的情节向被告人发问。

参加庭审的诉讼参加人员有权要求审判长补充讯问与其有关的情节。

3. 如果被告人不回答问题，则合议庭、检察员、辩护人、被害人和当事人的合法权益保护人继续提问其他人，并审查与案件有关的证据和材料。

经审判长同意后，被告人可以就与被告有关的事项向其他被告人提问。

第 310 条　询问被害人、当事人或其法定代理人

被害人、当事人或其法定代理人陈述与其有关的案件情节。之后由合议庭、检察员、辩护人、被害人和当事人的合法权益保护人就他们陈述不完整或矛盾之处进一步提问。

经审判长同意后，被告人可以就与其相关的问题向被害人、当事人或其法定代理人进行询问。

第 311 条　询问证人

1. 必须逐个对证人进行单独询问，并且不能让其他证人知

道询问内容。

2. 在询问证人时，合议庭必须先问清楚其与案件被告人和当事人的关系。审判长要求证人陈述清楚其已知道的案件情节，然后就其陈述不完整或矛盾之处作进一步询问。检察员、辩护人、被害人和当事人的合法权益保护人可进一步向证人提问。

经审判长同意后，被告人可以就与其相关的问题询问证人。

3. 陈述结束后，证人留在法庭上以便接受补充询问。

4. 如果有理由确定证人或其亲属受到侵害或威胁要侵害其生命、健康、财产、名誉和尊严，合议庭则必须根据本法典和其他相关法律的规定决定适用保护措施。

5. 在必要的情况下，法院可决定通过计算机网络、电信网络询问证人。

第 312 条　审查物证

1. 物证及确认物证的照片或文书要提交到法庭上审查。

必要时，合议庭可以与检察员、辩护人及其他参加庭审的人员一起到无法带进法庭的证据所在地进行现场审查。现场审查物证应按照本法典第 133 条规定制作笔录。

2. 检察员、辩护人及其他参加庭审的人员可以就证据发表自己的意见。合议庭、检察员、辩护人、被害人和当事人的合法权益保护人可向参加庭审人员询问与证据相关的问题。

第 313 条　播放录音或有声录像的内容

需检查与案件有关的证据、材料和物品或被告人申诉被刑讯逼供时，由合议庭决定在法庭上播放录音或有声录像内容事宜。

第 314 条　现场审查

认为有必要时，合议庭可以与检察员、辩护人及其他参加庭审的人员一起到犯罪发生地或与案件有关的其他地点进行现场审查。检察员、辩护人及其他参加庭审的人员有权就犯罪发生地或与案件有关的其他地点发表自己的意见。合议庭可就与该地点相关的问题询问参加庭审的人员。

现场审查应按照本法典第 133 条规定制作笔录。

第 315 条　陈述和出示机关、组织的报告和材料

机关和组织关于与案件相关的报告和材料由该机关或组织的代表进行陈述；如果该机关或组织没有代表出庭，则由合议庭在庭上出示其报告和材料。

检察员、辩护人及其他参加庭审的人员有权就该报告和材料发表意见，并可就与该报告、材料相关的问题询问该机关、组织代表及其他参加庭审的人员。

第 316 条　询问鉴定人和财产评估人

1. 合议庭自行或根据检察员、辩护人及其他参加庭审的人员的提议，要求鉴定人和财产评估人陈述其鉴定、评估结论。陈述时，鉴定人、财产评估人有权对鉴定、财产评估结论及其依据进行补充说明。

2. 检察员、辩护人及其他参加庭审的人员有权对鉴定、评估结论发表意见，可以就鉴定、评估结论中尚不明确或存在矛盾，或者与案件其他情节相矛盾之处进行提问。

3. 如果鉴定人、财产评估人没有出庭，则由审判长出示鉴定和财产评估结论。

4. 认为有必要的，合议庭决定补充鉴定、评估或重新鉴定、评估。

第 317 条　侦查人员、检察员、其他有权诉讼工作人员、

诉讼参加人员发表意见

认为有必要时，合议庭可自行或应诉讼参加人员的提议要求侦查人员、检察员、其他有权诉讼工作人员、诉讼参加人员发表意见，以查清侦查、起诉、审判阶段的诉讼行为和决定。

第318条　结束法庭调查

认为案件情节已得到充分审查时，审判长应询问检察员、被告人、辩护人及其他参加庭审的人员是否还有问题要求审查。如果没有审查要求，则结束法庭调查；如果有人提出审查要求且审判长认为有必要的，则决定继续法庭调查。

第319条　检察员当庭撤回起诉决定或作出较轻罪结论

在结束法庭调查后，检察员可以撤回部分或全部起诉决定，或作出较轻罪结论。

第320条　辩论时的发言顺序

1. 法庭调查结束后，由检察员发表论罪意见；如果发现没有定罪依据，则撤回所有起诉决定，并提议法院宣布被告人无罪。

2. 被告人发表辩护意见；辩护人为被告人发表辩护意见；被告人及其法定代理人有权补充辩护意见。

3. 被害人、当事人及其法定代理人发表意见以维护其权益；如果他们有合法权益保护人，则该保护人有权发表或补充意见。

4. 如果应被害人的要求而提起诉讼，则被害人或其法定代理人在检察员发表论罪意见后可发表或补充意见。

第321条　检察员论罪

1. 检察员论罪必须基于在审判中审查的证据、材料和物品以及被告人、辩护人、被害人和当事人的合法权益保护人、其他参加庭审人员的意见。

2. 论罪的内容必须客观、全面、充分地分析、评估各有罪证据、无罪证据；该犯罪行为的性质及社会危害程度；犯罪行为造成的后果；被告在案件中的地位和作用；罪名、刑罚、所适用的《刑法典》条款项，加重、减轻刑事责任情节；损害赔偿额度，物证的处理，司法措施；犯罪原因、条件和其他对案件有意义的情节。

3. 提议根据起诉书的全部或部分内容定罪，或以较轻罪定罪；提出主刑、附加刑、司法措施、损害赔偿额度、物证处理等意见。

4. 提出预防犯罪和违法行为措施的建议。

第 322 条　法庭辩论

1. 被告人、辩护人和其他诉讼参加人员有权发表意见，提出证据、材料和自己的立论，以对检察员关于有罪证据、无罪证据，犯罪行为的性质及社会危害程度，犯罪行为造成的后果，被告在案件中的地位和作用，加重、减轻刑事责任情节，量刑意见，民事责任，物证的处理，司法措施，犯罪原因、条件和其他对案件有意义的情节等意见作出答辩。

被告人、辩护人和其他诉讼参加人员有权提出自己的建议。

2. 检察员必须要提出证据、材料和立论以逐一答辩被告人、辩护人和其他诉讼参加人的意见。

参加辩论的人有权回应他人的意见。

3. 审判长不得限制辩论时间，必须创造条件使检察员、被告人、辩护人、被害人和其他诉讼参加人员能够穷尽所有意见，但有权打断与案件无关或重复发表的意见。

对于检察员尚未对辩护人和其他诉讼参加人员的意见作出

回应的，审判长应要求检察员回应。

4. 合议庭要充分聆听并记录检察员、被告人、辩护人及其他庭审参加人员的所有意见，以便客观、全面地审查案件事实。如果不采纳庭审参加人员的意见，合议庭必须明确说明理由并写入判决书。

第 323 条　重返法庭调查

如果经过辩论发现仍有案件情节尚未审问或查清，合议庭必须决定重返法庭调查。法庭调查结束后应继续进行辩论。

第 324 条　被告人最后陈述

1. 在辩论参加人员不再发表辩论意见后，审判长宣布辩论结论。

2. 被告人可作最后陈述。在被告人作最后陈述时，不得向其提问。如果被告人的最后陈述提供了对该案有重要意义的新情节，则合议庭必须决定重返法庭调查。合议庭有权要求被告人不得陈述与案件无关的情节，但不能限制被告人的时间。

第 325 条　对当庭撤回起诉决定或作出较轻罪结论的审查

1. 检察员撤回部分起诉决定或作出较轻罪结论的，合议庭应继续审理案件。

2. 检察员撤回全部起诉决定的，合议庭在合议之前应要求庭审参加人员就该撤回起诉决定事项发表意见。

第六节　合议与宣判

第 326 条　合议案件

1. 只有审判员和陪审员有权合议案件。合议案件必须在合议室进行。

主持合议的审判长有责任将案件需解决的每个问题提交合议庭讨论、决定。审判长本人或指派一合议庭成员做合议笔录。合议庭成员必须通过少数服从多数的表决方式逐个解决案件的所有问题。陪审员先表决，审判员最后表决。如果没有多数意见，则必须对每个成员已提出的意见进行重新讨论、表决，以确定多数意见。占少数意见的人有权提出书面意见，并存入卷宗。

2. 合议事项必须基于在法庭上已经审查的证据和材料，充分和全面审查案件证据以及检察员、被告人、辩护人和其他诉讼参加人员意见。

3. 合议时必须解决的案件问题包括：

（1）该案是否属于中止案件或退回补充侦查的情形；

（2）由侦查机关、侦查人员、检察院和检察员收集以及由律师、犯罪嫌疑人、被告人和其他诉讼参加人员提供的证据和材料的合法性；

（3）是否有依据对被告人定罪。如果有充分的定罪依据，则必须明确所适用《刑法典》的条、款、项；

（4）对被告人适用的刑罚和司法措施；损害赔偿责任；刑事附带民事问题；

（5）被告人是否属于免刑事责任或免除刑罚的情形；

（6）刑事案件费，民事案件费；物证处理；被扣押的财产，被冻结的账户；

（7）侦查人员、检察员和辩护人在侦查、起诉和审判过程中的诉讼行为和决定是否合法；

（8）预防犯罪和补救措施的建议。

4. 检察员撤回全部起诉决定的，合议庭仍应按照本条第 1 款规定的程序解决案件相关问题。如果有依据确定被告人无罪，合议庭则应宣布被告人无罪；如果认为撤回起诉决定没有依据，则决定中止案件并向同级检察院检察长或直接上级检察院检察长建议。

5. 案件涉及许多复杂情节的，合议庭可决定延长合议时间，但不超过自法庭辩论结束后 7 日内。合议庭必须将宣判的具体时间、地点通知参加庭审的人和缺席庭审的诉讼参加人员。

6. 合议结束时，合议庭必须作出以下一项决定：

（1）作出判决和宣判；

（2）有案件情节未进行调查或未查明的，返回法庭调查和法庭辩论；

（3）将案件卷宗退回检察院进行补充侦查；要求检察院补充材料、证据；

（4）中止案件。

合议庭必须将本款第（3）和（4）项的决定通知参加庭审的人和缺席庭审的诉讼参加人员。

7. 发现有犯罪分子被遗漏的，合议庭应根据本法典第 18 条和第 153 条的规定决定立案事宜。

第 327 条　宣判

审判长或合议庭的另一名成员宣读判决。非公开审判的案件，仅宣读案件判决结果。宣读后，可以补充解释有关执行判决和上诉权事宜。

第 328 条　释放被告人

在以下情形中，且没有其他犯罪应被羁押的，合议庭必须当庭宣布释放被羁押的被告人：

1. 被告人无罪；

2. 被告人获得免除刑事责任或免除刑罚；

3. 被告人被处以非徒刑的刑罚；

4. 被告人被判徒刑，但处以缓刑；

5. 徒刑期限等于或短于被告人已被羁押时间。

第329条　宣判后逮捕被告人

1. 如果被羁押的被告人被判处有期徒刑，合议庭认为需要对其继续羁押以保障判决执行的，则应作出羁押被告人的决定，但本法典第328条第4款和第5款规定的情形除外。

2. 被告人没有被羁押但被判徒刑的，只有在判决生效后才应被逮捕羁押以保障执行刑罚。如果有证据表明被告人可能逃跑或继续犯罪的，合议庭则可以当庭作出逮捕羁押被告人的决定。

3. 本条第1款和第2款规定的被告人羁押期限为宣判之日起45日内。

4. 如果被告人被判处死刑，合议庭应在判决书中作出继续羁押被告人以确保判决执行的决定。

第二十二章　复审程序

第一节　复审程序的性质及上诉、抗诉权

第330条　复审程序的性质

1. 复审程序是指直接上级法院针对初审判决或决定尚未生效而被上诉或抗诉的案件，进行重新审理或重新审查初审决定。

2. 上诉或抗诉的初审决定是初审法院按照本法典规定所作出的中止案件决定，终止案件决定，针对嫌疑人、被告人中止

案件的决定，针对嫌疑人、被告人终止案件的决定以及其他决定。

第331条　有上诉权的人

1. 被告人、被害人以及他们的法定代理人有权对初审判决或决定提起上诉。

2. 辩护人有权对由其辩护的18岁以下的人、精神或身体有缺陷的人的案件提出上诉，以保障其合法权益。

3. 民事原告、民事被告以及他们的法定代理人有权对与损害赔偿有关的部分判决或决定提出上诉。

4. 与案件有关的利害关系人及其法定代理人有权对与其权利和义务有关的部分判决或决定提出上诉。

5. 18岁以下、精神或身体有缺陷的被害人、当事人的合法权益保护人，有权就与其所保护人权利和义务有关的部分判决或决定提出上诉。

6. 被法院宣判无罪的人有权对初审判决认定无罪的理由提出上诉。

第332条　上诉手续

1. 上诉人必须向初审法院或复审法院提交上诉状。

如果被告人正在被羁押，则看守所、拘留所负责人必须保障被告人行使上诉权，接受上诉状并将其转给作出被上诉判决、决定的初审法院。

上诉人可以直接向初审法院或复审法院口头上诉。法院必须按照本法典第133条的规定对该上诉陈述制作笔录。

制作上诉笔录或接收上诉状的复审法院必须将笔录或上诉状移送至初审法院，以按一般规定办理上诉手续。

2. 上诉状的主要内容包括：

（1）制作上诉状的年月日；

（2）上诉人的姓名和地址；

（3）上诉人的理由和要求；

（4）上诉人的签名或手印。

与上诉状或口头上诉一并附上的补充证据、材料和物品（若有），以证明上诉的正当性。

第333条　上诉期限

1. 初审判决的上诉期限为宣判后15日内。对于被告人和当事人缺席审判的，上诉期限应当自其收到判决之日起或依照法律规定公告判决书之日起算。

2. 对初审决定的上诉期限为有上诉权的人收到此决定后的7日内。

3. 上诉日期确定如下：

（1）如果通过邮寄方式上诉，上诉日期为寄件地的邮戳日期；

（2）如果通过看守所、拘留所负责人提交上诉状，则上诉日期为看守所、拘留所负责人收到上诉状之日。看守所、拘留所负责人必须载明收到上诉状的日期，并签名予以确认；

（3）如果上诉人向法院提交上诉状，则上诉日期为法院收到该上诉状的日期。如果上诉人直接向法院提出口头上诉，则上诉日期为法院制作口头上诉笔录的日期。

第334条　接收和处理上诉的手续

1. 初审法院在收到上诉状或口头上诉笔录后，必须记录在接收簿中，并依据本法典规定审查上诉状的合规性。

2. 上诉状合规的，初审法院应按照本法典第 338 条的规定通报上诉事项。

3. 上诉状合规但上诉内容不清楚的，初审法院必须立即通知上诉人写清楚。

4. 上诉状的内容符合本法典的规定，但上诉期限已届满，初审法院应要求上诉人解释原因并出具证据、材料和物品（如果有）以证明其逾期上诉的正当性。

5. 如果提出上诉的人无上诉权，法院则在收到上诉状之日起 3 日内退回上诉状，并书面通知提出上诉的人和同级检察院。书面通知必须载明退回上诉状的理由。

在收到退回通知之日起的 7 日内可对退回事项进行申诉。申诉事项的处理应按照本法典第三十三章的规定执行。

第 335 条　逾期上诉

1. 如果有不可抗力的原因或客观上的障碍而导致上诉人无法在本法典规定的期限内提出上诉的，则应予接收逾期上诉。

2. 初审法院必须在收到逾期上诉状的 3 日内将上诉状、上诉人关于逾期上诉的书面理由说明以及所附的证据、材料、物品（若有）送交复审法院。

3. 复审法院在收到逾期上诉状和所附的证据、材料和物品（如有）后的 10 日内，应成立由 3 名审判员组成的合议庭对逾期上诉进行审查。审查逾期上诉的合议庭有权作出是否接受逾期上诉的决定，并且必须在决定中载明接受或不接受的理由。

4. 逾期上诉审查会必须有同级检察院检察员参加。在审查逾期上诉状 3 日前，复审法院应将逾期上诉状及所附的证据和材料副本（如有）送达同级检察院。检察员发表检察院对逾期上诉事项的意见。

5. 审查逾期上诉合议庭的决定应送达逾期上诉人、初审法院和以及复审法院同级检察院。

如果复审法院接受了逾期上诉，则初审法院必须依据本法典规定执行各项程序，并将案件卷宗移送至复审法院。

第 336 条　检察院的抗诉

1. 同级检察院和直接上级检察院有权对初审判决或决定提起抗诉。

2. 检察院的抗诉决定主要有以下内容：

（1）做出抗诉决定的年、月、日和抗诉决定的编号；

（2）做出抗诉决定的检察机关名称；

（3）对全部或部分初审判决、决定提出抗诉；

（4）抗诉的理由、依据以及检察员的要求；

（5）抗诉决定签署人的姓名和职位。

第 337 条　抗诉期限

1. 同级检察院向初审法院提出抗诉的期限为法院宣判后 15 日内，直接上级检察院的抗诉期限为法院宣判后 30 日内。

2. 同级的检察院对初审法院的决定提出抗诉的期限为法院作出决定后 7 日内，直接上级检察院的抗诉期限为法院作出决定后 15 日内。

第 338 条　上诉事项的通知和抗诉决定的送达

1. 初审法院必须在上诉期限届满后的 7 日内以书面形式通知同级检察院以及与上诉有关的人。该通知必须载明上诉人的请求。

2. 在作出抗诉决定后的 2 日内，检察院必须将抗诉决定及补充证据、文件和物品（如有）移送给初审法院，将抗诉决定送达给被告人和与抗诉相关的人。提出抗诉的检察院必须将抗诉决定移送给其他有抗诉权的检察院。

3. 接到上诉或抗诉通知书的诉讼参加人员，有权将自己对上诉和抗诉内容的书面意见交给复审法院。其意见应存入案卷。

第 339 条　上诉、抗诉的后果

部分法院判决和决定被上诉或抗诉的，则该部分判决尚不能交付执行。整个判决或决定被提出上诉和抗诉的，则整个判决和决定尚不能交付执行。但本法典第 363 条规定的情形除外。

初审法院必须在抗诉、上诉期限届满后的 7 日内，将案件卷宗、上诉材料、抗诉材料和所附的证据、材料及物品（如有）移送复审法院。

第 340 条　案件受理

1. 在收到包括上诉材料、抗诉材料和所附的证据、材料及物品（如有）的案件卷宗后，复审法院必须立即放入受理簿。

2. 在受理案件后的 3 日内，复审法院院长指定合议庭的审判长、审判员。

第 341 条　将案件卷宗移交给检察院

1. 受理案件后，复审法院必须将案件卷宗移交给同级检察院。检察院自收到案件卷宗之日起，对于省级人民检察院和军区级军事检察院应在 15 日内，对于高级人民检察院和中央军事检察院应在 20 日内，必须将案件卷宗退还法院。如果属于特别严重和复杂的犯罪案件，则该期限可以延长，但对于省级人民检察院、军区级军事检察院不得超过 25 日，对于高级人民检察院、中央军事检察院不得超过 30 日。

2. 复审法院在审判前收到补充证据、材料和物品的，则必须将这些证据、材料和物品移交给同级检察院。检察院必须在收到这些补充证据、材料和物品之日起 3 日内将其退还法院。

第 342 条　变更、补充、撤回上诉、抗诉

1. 在开庭之前或庭审中，上诉人有权变更或补充上诉，作出抗诉决定的检察院有权变更或补充抗诉，但不得有进一步不利于被告人的情况；上诉人可撤回部分或全部上诉；作出抗诉决定的检察院或直接上级检察院有权撤回部分或全部抗诉。

2. 在开庭前进行变更、补充、撤回上诉或抗诉，必须以书面形式提交复审法院。复审法院必须将变更、补充或撤回上诉、抗诉事项通知检察院、被告人和其他与上诉、抗诉相关的人。在庭审中变更、补充或撤回上诉、抗诉则应记入庭审笔录。

3. 如果在庭审中上诉人撤回部分上诉，检察院撤回部分抗诉，并且认为其与其他上诉或抗诉部分无关，复审合议庭则应予以准许，并在复审判决中决定终止对该被撤回上诉、抗诉部分的审理。

第 343 条　在没有上诉或抗诉情况下初审法院判决和决定的效力

从上诉或抗诉期限届满之日起，未被提出上诉或抗诉的初审法院判决、决定，及未被提出上诉或抗诉的初审法院部分判决和决定产生法律效力。

第二节　复审程序的步骤

第 344 条　具有复审权的法院

1. 省级人民法院有权对县级人民法院被上诉或抗诉的判决

和决定进行复审。

2. 高级人民法院有权对在其管辖范围内的省级人民法院被上诉或抗诉的判决和决定进行复审。

3. 军区级军事法院有权对区域军事法院被上诉或抗诉的判决和决定进行复审。

4. 中央军事法院有权对军区级军事法院被上诉或抗诉的判决和决定进行复审。

第 345 条　复审的审判范围

复审法院应审查判决或决定中被上诉或抗诉的部分内容。如果认为有必要，也可以对没被上诉或抗诉部分判决或决定内容进行审查。

第 346 条　复审的准备期限

1. 自收到案件卷宗之日起，省级人民法院、军区级军事法院必须在 60 日内进行复审开庭，高级人民法院、中央军事法院必须在 90 日内进行复审开庭。

2. 自受理案件之日起，省级人民法院、军区级军事法院在 45 日内，高级人民法院、中央军事法院在 75 日内，审判长必须作出以下一项决定：

（1）终止复审；

（2）将案件提交审判。

3. 自作出将案件提交审判的决定之日起 15 日内，法院必须进行复审开庭。

4. 复审法院至迟在开庭审理 10 日前，应将案件提交审判的决定送达至同级检察院，辩护人，被害人，当事人，被害人、当事人的合法权益保护人，上诉人，与上诉和抗诉具有利害关系的人。

第 347 条　强制措施、强制办法的适用、变更和撤销

1. 受理案件后，复审法院有权决定适用、变更或撤销强制措施、强制办法。

羁押措施的适用、变更和撤销应由法院院长和副院长决定。其他强制措施和强制办法的适用、变更或撤销由审判长决定。

2. 为准备审判而羁押的期间不得超过本法典第 346 条规定的复审准备时间。

如果发现被羁押人的羁押期限未满并认为有必要继续羁押被告人的，复审法院应根据初审法院的羁押决定期限适用羁押措施。如果根据初审法院的羁押决定，被告的羁押期限已届满，则由法院院长、副院长作出新的羁押决定。

对于正在被羁押的被告，如果认为有必要继续羁押以完成审判，则由合议庭作出羁押至审判结束为止的决定。

3. 正在被羁押的被告被判处徒刑，审判结束时羁押期限已届满，则由合议庭作出羁押被告决定，以保障判决的执行，但本法典第 328 条第 4、5 款规定的情形除外。

对于没有被羁押的被告被判处徒刑，合议庭可以在宣判后立即作出逮捕羁押被告的决定。

自宣判之日起，羁押期限为 45 日。

第 348 条　终止复审

1. 对于上诉人撤回全部上诉、检察院撤回全部抗诉的案件，复审法院应终止复审。开庭前终止复审由审判长决定，庭审时终止复审由合议庭决定。自复审法院作出终止复审决定之日起，初审判决产生法律效力。

2. 开庭审理之前上诉人撤回部分上诉，检察院撤回部分抗诉，且与其他部分的上诉或抗诉无关，则由审判长对撤回上诉、抗诉部分作出终止复审决定。

3. 终止复审决定应载明终止理由和本法典第132条第2款规定的内容。

自作出决定后3日内，复审法院须将终止复审决定送达至同级检察院，作出初审判决的法院，辩护人，被害人，当事人，上诉人，被害人、当事人的合法权益保护人，上诉人，与上诉和抗诉具有利害关系的人。

第349条 复审合议庭成员、书记员的出庭

1. 只有复审合议庭成员、书记员全部出庭时才能开庭审判。复审合议庭成员必须从开庭开始到结束全程参与案件审理。

2. 如果有审判员不再继续参加案件审理，但有从一开始就参加审理的候补审判员的，则由该候补审判员替换为合议庭成员。如果是审判长不能继续参加审理，则由原合议庭成员中的审判员担任审判长，并由候补审判员担任合议庭成员。

3. 如果无候补审判员，或者无作为原合议庭成员的审判员替换审判长，则必须延期审理。

4. 如果法院书记员被更换或不能继续参加审判，但有候补书记员的，则法院仍可审理此案；如果没有人替代，则暂停审理。

第350条 检察员的出庭

1. 同级检察院的检察员必须出庭以在庭审中行使公诉权和检察权，如果检察员不能出庭则必须延期审理。对于性质严重和复杂的案件，可以有多个检察员。如果检察员不能出庭，则由从开庭开始就出庭的候补检察员替换以在庭审中行使公诉权

和检察权。

2. 如果检察员被更换，或无法在法庭上行使公诉权和检察权且没有候补检察员替换，则合议庭应延期审理。

第 351 条 辩护人，被害人，当事人，被害人、当事人的合法权益保护人，上诉人，与上诉和抗诉具有利害关系的人出庭

1. 辩护人，被害人，当事人，被害人、当事人的合法权益保护人，上诉人，与上诉和抗诉具有利害关系的人被传唤出庭的，必须出席参加庭审。如果缺席，合议庭应作如下处理：

（1）如果辩护人第一次由于不可抗力或客观障碍缺席，则必须延期审理，除非被告人同意在没有辩护人在场的情况下进行审理。如果辩护人不是由于不可抗力或客观障碍而缺席，或者第二次合理传唤仍然缺席，则法院应继续进行审理。

如果按照本法典第 76 条第 1 款的规定必须指定辩护的辩护人缺席，则应延期审理，除非被告或其法定代理人同意在辩护人缺席的情况下进行审理；

（2）如果上诉人、与上诉和抗诉具有利害关系的人是被害人、当事人及其法定代理人，被害人、当事人的合法权益保护人非因不可抗力或客观障碍而缺席的，则合议庭仍应进行审理。如果这些人因不可抗力或客观障碍而缺席的，合议庭仍可以进行审理，但不得作出不利于被害人、当事人的判决或决定；

（3）提出上诉的或被上诉、抗诉的被告人由于不可抗力或客观障碍而缺席时，合议庭仍可进行审理，但不得作出不利于被告人的判决或决定。如果被告人缺席是由于不可抗力或客观障碍，并且缺席不影响审理的，则合议庭仍应进行审理。

2. 复审法院认为必要时，可决定传唤其他人参加庭审。

第 352 条　复审的延期审理

1. 复审法院仅可在下列情形之一中延期审理：

（1）有本法典第 52、53、349、350 和 351 条规定的其中一项事由；

（2）需要补充确认、收集在庭审中无法立即完成的证据、材料和物品。

如果延期审理，则案件须从头开始重新进行开庭审理。

2. 复审延期审理的期限及延期审理决定的作出应按照本法典第 297 条的规定执行。

第 353 条　补充、审查证据、材料和物品

1. 在复审开庭之前或在庭审中，检察院可以自行决定或应法院的要求补充新证据；上诉人，与上诉和抗诉具有利害关系的人，辩护人，被害人，当事人，被害人、当事人的合法权益保护人，也有权补充证据、材料和物品。

2. 旧证据、新证据以及新补充的材料、物品必须在复审时进行法庭调查。复审判决必须在依据旧证据和新证据的基础上作出。

第 354 条　复审的庭审程序

1. 复审的开庭开始程序和庭审辩论程序按照初审的庭审程序进行，但在进行法庭调查之前，合议庭的一位成员应简要介绍案件内容，初审判决的决定，以及上诉和抗诉的内容。

2. 审判长询问上诉人是否变更、补充或撤回上诉；如果有变更、补充或撤回上诉的，则审判长应要求检察员对其发表意见。

审判长询问检察员是否变更、补充或撤回抗诉；如果有变更、补充或撤回抗诉的，则审判长应要求被告人、与上诉和抗

诉有利害关系的人发表意见。

3. 在法庭辩论时，检察员、其他与上诉或抗诉有关的人对上诉或抗诉的内容发表意见；检察员代表检察院发表案件处理意见。

第 355 条　复审合议庭对初审判决的审判权

1. 复审合议庭有权：

（1）不支持上诉、抗诉，维持初审判决；

（2）修改初审判决；

（3）撤销初审判决并将案卷退回重新侦查或重新审理；

（4）撤销初审判决并终止案件；

（5）终止复审的审判。

2. 复审判决自宣判之日起生效。

第 356 条　不支持上诉、抗诉，并维持初审判决

复审法院认为初审的各项判决有事实依据，适用法律正确，则不支持上诉、抗诉，维持初审判决。

第 357 条　修改初审判决

1. 如果有理由确定初审判决与犯罪行为的性质、程度、后果以及被告身份不相符，或有新的情节，复审合议庭则可对初审判决作如下修改：

（1）对被告免除刑事责任或免除刑罚；不处以附加刑；不适用司法措施；

（2）适用《刑法典》中较轻罪的条款；

（3）减轻对被告的刑罚；

（4）降低损害赔偿额度并修改物证处理决定；

（5）改处以其他较轻类型的刑罚；

（6）维持或降低徒刑刑期，并允许适用缓刑。

2. 如果检察院抗诉或被害人提出上诉，复审合议庭则可：

（1）增加刑罚，适用《刑法典》较重罪的条款；适用附加刑；适用司法措施；

（2）增加损害赔偿额度；

（3）改处以其他较重类型的刑罚；

（4）不允许被告适用缓刑。

如果有依据，合议庭则仍可减少刑罚，适用《刑法典》中较轻罪的条款，改处以其他较轻类型的刑罚，维持徒刑刑期并允许适用缓刑，降低损害赔偿额度。

3. 如果有依据，复审合议庭可依据本条第 1 款规定对不上诉或没被上诉、抗诉的被告人修改初审判决。

第 358 条　撤销初审判决发回重新侦查或重新审理

1. 在下列情形中，复审合议庭应撤销初审判决以重新侦查：

（1）有根据表明初审有漏罪，遗漏了犯罪人，或为了立案侦查比初审判决更重的罪行；

（2）初审阶段的侦查不充分，且复审无法予以补充；

（3）在侦查和起诉阶段严重违反法律程序。

2. 在以下情形中，复审合议庭应撤销初审判决发回初审法院组成新的合议庭进行重新审理：

（1）初审合议庭的组成不符合本法典规定；

（2）初审阶段的审判活动严重违反法律程序；

（3）被初审法院宣判无罪的人，但有根据表明该人构成犯罪；

（4）无依据对被告免除刑事责任、免除刑罚或适用司法措施；

（5）初审判决在适用法律方面存在严重错误，但不属于复审合议庭根据本法典第 357 条修改判决的情形。

3. 撤销初审判决发回重新侦查或重新审理时，复审合议庭必须载明撤销初审判决的理由。

4. 撤销初审判决发回重审时，复审合议庭不得事先决定初审法院需要采纳或排除哪些证据，也不得事先决定所适用的《刑法典》条、款、项以及对被告所适用的刑罚。

5. 如果撤销初审判决发回重新侦查或重审案件被告羁押期限已届满，复审合议庭认为必须继续羁押被告的，应作出继续羁押被告至检察院或初审法院重新受理案件为止的决定。

在宣判撤销初审判决后的 15 日内，案件卷宗必须移送给检察院或初审法院以根据本法典规定的一般程序规定处理。

第 359 条 撤销初审判决并终止案件

1. 有本法典第 157 条第 1 款和第 2 款规定的事由之一时，复审合议庭应撤销初审判决，宣判被告人无罪，并终止案件。

2. 有本法典第 157 条第 3、4、5、6 和 7 款规定的事由之一时，复审合议庭应撤销初审判决并终止案件。

第 360 条 刑事案件的重新侦查或重审

1. 复审合议庭撤销初审判决发回重新侦查后，有管辖权的侦查机关、检察院和初审法院按照本法典规定的一般程序对案件进行重新侦查、起诉和审理。

2. 复审合议庭撤销初审判决发回重审后，有管辖权的初审法院按照本法典规定的一般程序对案件进行重新审理。

第 361 条 复审合议庭对初审决定的审判权

1. 复审合议庭有权：

（1）认为初审法院的各项决定有事实依据，适用法律正确，则不支持上诉、抗诉，维持初审法院的决定；

（2）修改初审法院的决定；

（3）撤销初审法院的决定，并将案件卷宗移交给初审级法院继续处理该案。

2. 复审决定自作出之日起产生法律效力。

第 362 条　对初审决定的复审程序

1. 对被提出上诉或抗诉的初审决定进行复审时，复审合议庭必须传唤上诉人，辩护人，当事人的合法权益保护人，与上诉、抗诉具有利害关系的人出席听证会。如果他们缺席，复审合议庭仍照常进行听证会。

2. 法院在受理案件卷宗后的 15 日内必须召开听证会审查被上诉或抗诉的初审决定。

3. 在作出召开听证会决定后的 10 日内，复审合议庭必须召开听证会。在作出决定后的 2 日内，法院必须将案件卷宗以及召开听证会决定移交给同级检察院。检察院必须在收到案卷之日起 5 日内把案卷退还法院。

4. 在听证会上，复审合议庭的一名成员简要介绍初审决定的内容，以及上诉、抗诉的内容和随附的证据、材料和物品（如有）。

同级检察院的检察员必须出席听证会，并在复审合议庭作出决定之前发表检察院对处理上诉和抗诉的意见。

第五部分　关于执行法院判决、决定的一些规定

第二十三章　立即交付执行的判决、决定和作出执行决定的权限分工

第 363 条　立即交付执行的判决和决定

如果被告人被羁押且初审法院决定终止案件，宣判被告人无罪，免除被告人刑事责任、免除刑罚，刑罚为非监禁刑或判处缓刑，或徒刑刑期等于或短于羁押时间，则法院的判决或决定应立即交付执行，尽管仍可被上诉或抗诉。

警告刑应当庭执行。

第 364 条　作出执行决定的权限和程序

1. 初审法院院长有权作出执行决定，或委托其他同级法院院长作出执行决定。

2. 作出执行决定的期限为 7 日，自初审判决、决定生效之日或从收到复审判决、决定，监督审决定，再审决定之日起计算。

收到初审法院院长的委托执行决定后的 7 日内，受委托法院院长必须作出执行决定。

3. 被判处徒刑的人未被羁押的，执行有期徒刑判决的决定要写明该人自收到决定后的 7 日内必须到县级公安刑事执行机

关以执行判决。

第 365 条　法院判决和决定的解释和更正

1. 刑事裁判执行机关、民事裁判执行机关、检察院、被结案人、被害人以及与裁判执行相关的当事人，有权要求作出判决、决定的法院解释、更正判决、决定中的不明确之处以便执行。

2. 作出判决或决定的审判长有责任解释、更正法院判决、决定中的不明确之处。审判长不能解释和更正的，由作出该判决、决定的法院院长解释和更正。

第 366 条　对法院判决和决定的处理建议

刑事裁判执行机关或民事裁判执行机关建议通过监督审、再审程序重新审查法院判决或决定的，有管辖权的法院应自收到书面建议之日起 90 日内作出答复。案件复杂的，可以延长答复期限，但不得超过自收到书面建议之日起 120 日。

第二十四章　死刑案件、有条件假释、清除犯罪记录的执行程序

第 367 条　死刑判决执行前的审查程序

1. 死刑判决执行前要进行以下审查程序：

（1）死刑判决生效后，必须立即将案卷送交最高人民法院院长，并立即将判决书送交最高人民检察院检察长；

（2）经审查以决定是否按监督审或再审程序抗诉后，最高人民法院应当将案卷移送最高人民检察院。自收到案卷之日起 1 个月内，最高人民检察院必须将案卷退回最高人民法院；

（3）自收到案卷之日起 2 个月内，最高人民法院院长、最高人民检察院检察长必须作出是否按监督审或再审程序抗诉的决定；

（4）自判决生效之日起 7 日内，被结案人可向国家主席提出赦免申请；

（5）如果最高人民法院院长、最高人民检察院检察长不按监督审或再审程序提出抗诉，被结案人不申请赦免的，则应当执行死刑判决。

死刑判决被按照监督审、再审程序对死刑提出抗诉，但最高人民法院监督审合议庭、再审合议庭决定不接受抗议并维持死刑的，最高人民法院应当立即通知被结案人以便他们申请赦免死刑；

（6）被结案人申请赦免执行死刑，国家主席驳回赦免申请后，应执行死刑判决。

2. 有《刑法典》第 40 条第 3 款规定的事由时，初审法院院长不得作出执行死刑的决定，并报请最高人民法院院长审查将被结案人从死刑改为无期徒刑。

第 368 条　审查有条件假释程序

1. 监狱、公安部所属的看守所、国防部所属的看守所、省级公安机关刑事裁判执行机关、军区级刑事裁判执行机关有责任制作提前假释建议案卷并移送正在执行徒刑所在地的省级人民检察院、军区级军事检察院、省级人民法院、军区军事法院。

提前假释建议案卷包括：

（1）犯人的提前假释申请书，并随附不违法及获提前假释须履行各项义务的承诺书；

（2）发生法律效力的判决书副本；判决执行决定；

（3）对犯有严重犯罪以上的被结案人须有减刑决定书副本；

（4）已执行完罚金附加刑、案件费和民事义务的证明文件和材料；

（5）关于犯人及其家庭情况的文件；

（6）季度、6个月和年度刑罚执行分类结果；表扬决定或主管机关对犯人立功的证明（如有）；

（7）制作案卷机关建议提前假释的书面文件。

2. 制作案卷机关建议提前假释的书面文件包括以下主要内容：

（1）文件的编号；年、月、日；

（2）有权提出建议人的姓名、职位和签名；

（3）犯人的姓名、性别、出生年份、居住地；犯人服满假释期的地点；

（4）已执行刑期；徒刑的剩余刑期；

（5）制作案卷机关的意见和建议。

3. 省级人民检察院、军区级军事检察院自收到提前假释建议文件之日起15日内，必须对提出机关的有条件提前假释建议作出表明意见的文件。

检察院要求制作案卷机关补充材料，则自收到该要求3日内，制作案卷机关须补充材料并移送检察院、法院。

4. 省级人民法院院长或者军区级军事法院院长在收到提出机关的卷宗之日起15日内，必须召开听证会审查有条件提前假释事宜。同时书面通知同级检察院委派检察员参加会议。法院要求制作案卷机关补充材料，则自收到该要求3日内，制作案卷机关须补充材料并移送法院、检察院。

5. 有条件提前假释合议庭由院长和 2 名审判员组成，院长任审判长。

6. 在听证会上，合议庭的一名成员对假释建议案卷进行简要陈述。检察员就制作建议案卷机关提出的附条件假释建议以及审查、决定有条件提前假释事项中应遵守的法律发表检察院的意见。制作建议案卷机关代表可作补充陈述，以说明其提前假释建议。

7. 有条件提前假释听证会应当制作笔录。笔录要载明听证会的年、月、日和地点；参加会议人员的构成；会议内容、进展情况以及合议庭关于对每位犯人接受或不接受有条件提前假释建议的决定。

听证会结束后，检察员应当阅读会议笔录，并要求对笔录进行修改、补充（如有）；审判长必须核对会议记录，并会同书记员在会议记录上签字。

8. 自有条件提前假释决定作出之日起 3 日内，法院必须将决定送达犯人，以及同级检察院，直属上级检察院，制作建议案卷机关，作出判决执行决定的法院，县级和军区一级公安机关的刑事裁判执行机构，被假释人居住的乡、坊、镇政府，被指派管理该人的军队单位，作出该决定法院所在地的司法厅。

9. 监所单位接到有条件提前假释决定后，应当立即组织公布本决定，实施附条件提前假释决定的执行程序。被假释的人在假释期间不违反《刑法典》第 66 条第 4 款规定的，在假释期满时，县级公安机关刑事裁判执行机构、军区公安机关刑事裁判执行机构有责任对由其管理的假释人员出具徒刑执行完毕证明。

10. 被假释的人在假释期间违反《刑法典》第 66 条第 4 款规定的，执行假释的县级公安机关刑事裁判执行机构、被交由其管理假释的军区公安机关刑事裁判执行机构必须制作卷宗并将其移交给作出有条件提前假释决定的检察院和法院，以审查、撤销已颁行的决定并强制该人执行剩余的徒刑刑期。

自收到建议卷宗之日起 5 日内，法院必须召开听证会审议决定。

法院自作出撤销有条件假释决定之日起 3 日内，将决定送达本条第 8 款规定的机关、个人。

11. 对准予或不准予有条件假释的决定，以及撤销或不撤销有条件假释的决定，检察院有权抗诉，犯人有权申诉。

解决对本条规定之抗诉和申诉的程序、手续和权限根据本法典第二十二章和第二十三章的规定执行。

第 369 条　清除犯罪记录程序

1. 在收到符合当然消除犯罪记录的人的请求并认为达到《刑法典》第 70 条规定的所有条件之日起 5 日内，司法档案后台数据库管理机构签发其司法档案卡为无犯罪记录。

2. 具有《刑法典》第 71 条及第 72 条规定的情形，由法院决定清除犯罪记录事项。被结案人必须向本案初审法院提出申请，并附其居住地的乡、坊、镇行政机关或其工作、学习的机关、组织的意见。

本案初审法院应当自收到被结案人申请之日起 3 日内将申请清除犯罪记录的材料移送同级检察院。同级检察院应当自收到法院移送材料之日起 5 日内提出书面意见，并将材料退回初审法院。

认为符合条件的，初审法院院长应当自收到检察院移送回材料之日起 5 日内作出清除犯罪记录决定；不符合条件的，则作出驳回清除犯罪记录申请的决定。

自作出清除犯罪记录决定或者驳回清除犯罪记录申请之日起 5 日内，作出决定的法院应当将本决定送达被结案人，以及同级检察院，被结案人居住地的乡、坊、镇行政机关或其工作、学习的机关、组织。

第六部分 对生效判决、决定的重新审查

第二十五章 监督审程序

第 370 条 监督审的性质

监督审是指对已发生法律效力但因发现处理案件过程中存在严重违法行为而被抗诉的法院判决、决定进行重新审理。

第 371 条 按照监督审程序抗诉的依据

对发生法律效力的法院判决、决定，有下列情形之一的，依照监督审程序抗诉：

1. 法院判决、决定结论与案件客观情况不符；

2. 侦查、起诉、审判程序严重违法，导致处理案件出现严重错误的；

3. 适用法律存在严重错误。

第 372 条 发现已发生法律效力的判决、决定需要按照监督审程序重新审理

1. 被结案人、机构、组织及每个人都有权发现已生效法院判决或决定中的违法行为，并将其通知有权抗诉的人。

2. 省级人民法院对县级人民法院已经发生法律效力的判决和决定进行检查以发现违法行为，并提请高级人民法院院长、最高人民法院院长审查抗诉。

军区军事法院对区域军事法院已经发生法律效力的判决和决定进行检查以发现违法行为，并提请中央军事法院院长审查抗诉。

3. 法院、检察院在履行审判监督、检察监督或者通过其他方式获得信息发现法院生效的判决或者决定存在违法的，应当立即书面通知有权抗诉的人。

第 373 条　有权依据监督审程序抗诉的人

1. 最高人民法院院长、最高人民检察院检察长对高级人民法院已经发生法律效力的判决、决定，以及除最高人民法院法官委员会决定之外的其他法院已生效判决、决定有权根据监督审程序提出抗诉。

2. 中央军事法院院长、中央军事检察院检察长对军区军事法院、区域军事法院已经发生法律效力的判决、决定，有权根据监督审程序提出抗诉。

3. 高级人民法院院长、高级人民检察院检察长对在其管辖范围内的省级人民法院、县级人民法院已经发生法律效力的判决、决定，有权根据监督审程序提出抗诉。

第 374 条　对已经发生法律效力的法院判决、决定需依照监督审程序重新审理的告知手续

1. 被结案人、机关、组织或者个人在发现已经发生法律效力的法院判决、决定有违法情形时，应当书面告知或者直接陈述给有抗诉权的人或者就近的法院、检察院，并随附证据、材料和物品（如有）。

2. 告知文书主要内容如下：

（1）年、月、日；

（2）告知机构、组织或个人的名称和地址；

（3）被发现违法的已生效法院判决、决定；

（4）发现的违法内容；

（5）建议有权的人审查抗诉。

3. 告知人为个人的须签名或按指纹；为机关、组织的，应当由该机关、组织的法定代理人签字盖章。

第 375 条　接收对已生效法院判决、决定需依照监督审程序重新审理告知的手续

1. 法院或检察院收到书面告知的，须记入告知接收簿。

2. 被结案人、机关、组织和个人直接反映发生法律效力的法院判决、决定违法的，法院、检察院必须制作笔录；告知人提供证据、材料或者物品的，法院、检察院应当制作收留笔录。笔录依照本法典第 133 条的规定制作。

3. 法院和检察院接收告知并制作笔录的，必须立即将告知文书、笔录连同所附的证据、材料和物品（如果有）移交给有权提出抗诉的人，并书面通知被结案人及提出建议的机关、组织和个人。

第 376 条　移送案卷以审查依据监督审程序提出的抗诉

1. 有必要研究案卷以审查依据监督审程序所提出的抗诉的，主管法院或检察院应当书面要求现管理卷宗的法院移送卷宗。

自收到书面要求之日起 7 日内，管理案件卷宗的法院必须将案卷移交提出要求的法院、检察院。

2. 法院与检察院都提出书面要求的，由现管理案卷的法院将卷宗移交给先提出要求的机关，并通知后提出要求的机关。

第 377 条　中止执行被监督审抗诉的判决、决定

对已发生法律效力的判决、决定作出监督审抗诉决定的人，有权决定中止执行该判决、决定。

中止执行被监督审抗诉判决、决定的决定，应当送达初审、复审所在地的法院、检察院和主管执行机关。

第 378 条　监督审抗诉决定

监督审抗诉决定有以下主要内容：

1. 决定编号，年、月、日；

2. 有权作出决定的人；

3. 被抗诉判决、决定的编号，年、月、日；

4. 对被抗诉判决、决定存在的违法和错误进行评论分析；

5. 决定抗诉的法律依据；

6. 决定对全部还是部分判决、决定提出抗诉；

7. 有权对案件进行监督审的法院名称；

8. 抗诉人的要求。

第 379 条　依据监督审程序提出抗诉的期限

1. 如果抗诉事项对被结案人不利的，只能在判决、决定发生法律效力之日起 1 年内进行。

2. 如果抗诉事项对被结案人有利的，则任何时候都可以进行抗诉，即使是在被结案人死亡但须为其洗冤的情况。

3. 当事人对刑事案件附带民事部分的抗诉，应当遵守民事诉讼法的规定。

4. 如果依照监督审程序抗诉没有根据的，则有权抗诉的人必须书面答复提出抗诉建议的机关、组织、个人，并说明不抗诉的理由。

第 380 条　送达监督审抗诉决定

1. 监督审抗诉决定应当立即送达作出被抗诉生效判决、决定的法院，被结案人，主管刑事裁判执行机关、民事裁判执行机关和其他与抗诉相关的利害关系人。

2. 如果最高人民法院院长提出抗诉的，应当立即将抗诉决定随案卷移交有监督审管辖权的法院。

高级人民法院院长、中央军事法院院长提出抗诉的，应当立即将抗诉决定随案卷移交有管辖权的检察院。

具有监督审管辖权的法院必须将抗诉决定随案卷移送同级检察院。检察院应当自收到案卷之日起 30 日内将案卷退回法院。

3. 最高人民检察院检察长、高级人民检察院检察长、中央军事检察院检察长提出抗诉的，必须立即将抗诉决定随案卷移交具有监督审管辖权的法院。

第 381 条　变更、补充和撤回抗诉

1. 监督审开庭前或在庭审中，如果抗诉期限尚未届满，抗诉人有权补充或变更其抗诉。开庭前补充或变更抗诉应当作出决定并根据本法典第 380 条第 1 款的规定送达。庭审时补充或者变更抗诉，应当记入庭审笔录。

2. 监督审开庭前或在庭审中，抗诉人有权撤回部分或全部抗诉。在开庭前撤回抗诉应当作出决定；在开庭时撤回抗诉应记入庭审笔录。

3. 开庭前撤回全部抗诉的，由监督审管辖法院院长作出终止监督审的决定。如果在庭审中撤回全部抗诉，合议庭应当作出终止监督审的决定。

法院应在作出决定之日起 2 日内，将终止监督审的决定送达本法典第 380 条第 1 款规定的人员和同级检察院。

第 382 条　监督审的管辖

1. 高级人民法院审判委员会成立由 3 名审判员组成的合议庭对辖区内的省级人民法院、县级人民法院被抗诉的生效判决、决定进行监督审。

2. 对于本条第 1 款规定的人民法院被抗诉的生效判决、决定性质复杂的，或者该判决、决定已经被高级人民法院审判委员会成立由 3 名审判员组成的合议庭进行监督审，但在表决时存在分歧，则由高级人民法院审判委员会全体会议进行监督审。

高级人民法院审判委员会全体会议进行监督审时，必须至少有 2/3 的委员参加，由高级人民法院院长主持审理。高级人民法院审判委员会全体会议的决定，须经全体委员超过半数以上同意；如果不超过审判委员会半数委员同意，则必须延期审理。自作出延期审理决定之日起 30 日内，审判委员会全体会议必须重新开庭审理案件。

3. 中央军事法院审判委员会对军区级军事法院、区域军事法院被抗诉的已生效判决、决定进行监督审。进行监督审时，至少要有 2/3 的中央军事法院审判委员会委员参加，中央军事法院院长主持审理。中央军事法院审判委员会的决定，须经全体委员超过半数以上同意；如果不超过审判委员会半数委员同意，则必须延期审理。自作出延期审理决定之日起 30 日内，审判委员会必须重新开庭审理案件。

4. 最高人民法院法官委员会成立由 5 名审判员组成的合议庭对高级人民法院、中央军事法院被抗诉的生效判决、决定进行监督审。

5. 对于本条第 4 款规定的人民法院被抗诉的生效判决、决定性质复杂的，或者该判决、决定已经被最高人民法院法官委员会成立由 5 名审判员组成的合议庭进行监督审，但在表决时存在分歧，则由最高人民法院法官委员会全体会议进行监督审。

最高人民法院法官委员会全体会议进行监督审时，必须至少有2/3 的委员参加，由最高人民法院院长主持审理。最高人民法院法官委员会全体会议的决定，须经全体委员超过半数以上同意；如果不超过法官委员会全体委员半数同意，则必须延期审理。自作出延期审理决定之日起 30 日内，法官委员会全体会议必须重新开庭审理案件。

6. 被抗诉的已生效判决、决定的监督审分属不同级别法院管辖的，则由最高人民法院法官委员会对全部案件进行监督审。

第 383 条　监督审庭审参加人员

1. 监督审庭审必须有同级检察院的检察员参加。

2. 认为有必要或者有理由对已经发生法律效力的判决、决定的一部分进行修改的，法院应当传唤被结案人、辩护人以及与抗诉有关的利害关系人参加监督审庭审；如果他们缺席，庭审照常进行。

第 384 条　监督审的开庭准备

法院院长指派一名监督审合议庭成员制作一份案情说明书。案情说明书归纳案件的内容、各级法院的判决和决定以及抗诉的内容。

案情说明书和相关材料必须至少在开庭前 7 日发给监督审合议庭成员。

第 385 条　监督审开庭的期限

自收到抗诉决定及随附的案件卷宗之日起 4 个月内，有监督审管辖权的法院必须开庭。

第 386 条 监督审庭审程序

1. 审判长宣布开庭后，由监督审合议庭的一个成员作案件情况陈述。合议庭的其他成员在讨论及发表案件处理意见前，可就不清楚之处进一步询问陈述案情的审判员。检察院提出抗诉的，则由检察员陈述抗诉内容。

2. 被结案人、辩护人以及与抗诉有关的利害关系人参加庭审的，可就监督审合议庭要求的问题发表意见。

检察员就抗诉决定和案件处理问题发表检察院意见。

参加监督审庭审的检察员和诉讼参加人员就与处理案件有关的问题进行辩论。审判长必须为检察员和诉讼参加人员在法庭上充分发表意见、民主平等地辩论创造条件。

3. 监督审合议庭各成员发表自己的意见并进行讨论。监督审合议庭对案件的处理进行表决，并公布案件的案件处理决定。

第 387 条 监督审的范围

监督审合议庭必须审查整个案件，而不仅限于抗诉的内容。

第 388 条 监督审合议庭的权限

1. 不接受抗诉，维持被抗诉的已生效的判决、决定。

2. 撤销已经发生法律效力的判决、决定，维持原初审法院或复审法院正确的但被违法撤销、变更的判决、决定。

3. 撤销已经发生法律效力的判决、决定，发回重新侦查或者重新审理。

4. 撤销已经发生法律效力的判决、决定，终止案件。

5. 修改已发生法律效力的判决、决定。

6. 终止监督审。

第 389 条　不接受抗诉，维持被抗诉的已生效的判决、决定

复审合议庭认为被抗诉的判决、决定有依据、符合法律规定的，则不接受抗诉并维持被抗诉的已生效的判决、决定。

第 390 条　撤销已经发生法律效力的判决、决定，维持原初审法院或复审法院正确的但被违法撤销、变更的判决、决定

监督审合议庭应当作出决定撤销已经发生法律效力的判决、决定，维持原初审法院或复审法院正确的但被违法撤销、变更的判决、决定。

第 391 条　撤销已经发生法律效力的判决、决定，发回重新侦查或者重新审理

有本法典第 371 条规定的事由之一的，监督审合议庭部分或全部撤销已经发生法律效力的判决、决定，发回重新侦查或重新审理。如果撤销发回重审，监督审合议庭可根据案件情况决定从初审或复审开始重新审理。

监督审合议庭认为需要继续羁押被告的，则应当作出羁押至检察院或者法院重新受理案件为止的决定。

第 392 条　撤销已经发生法律效力的判决、决定，终止案件

有本法典第 157 条规定的事由之一的，监督审合议庭撤销已经发生法律效力的判决、决定，终止案件。

第 393 条　修改已发生法律效力的判决、决定

监督审合议庭在满足下列条件的情况下，应当修改已经发生法律效力的判决、决定：

1. 案卷材料、证据清晰、完整；

2. 判决、决定的修改不改变案件性质，不恶化被结案人的情状，不给被害人或者当事人造成不利影响。

第 394 条 监督审决定

1. 监督审合议庭以越南社会主义共和国的名义作出监督审决定。

2. 监督审决定有以下内容：

（1）开庭的年、月、日和地点；

（2）监督审合议庭成员的姓名；

（3）行使公诉、审判监督权的检察员姓名；

（4）监督审合议庭提交审判案件的名称；

（5）被结案人和其他与监督审决定有利害关系人的姓名、年龄和地址；

（6）案件内容概要、被抗诉的已生效判决、决定的结论部分；

（7）抗诉决定、抗诉理由；

（8）监督审合议庭的认定意见，其中必须有接受或不接受抗诉的理由分析；

（9）监督审合议庭作出决定所依据《刑事诉讼法典》和《刑法典》的条、款、项；

（10）监督审合议庭的决定。

第 395 条 监督审决定的效力和监督审决定的送达

1. 监督审合议庭的决定自作出之日起发生法律效力。

2. 自决定作出之日起 10 日内，监督审合议庭必须将监督审决定送达被结案人，提出抗诉的人，同级检察院，进行初审、复审所在地的检察院、法院，主管的刑事裁判执行机关、民事裁判执行机关，与抗诉有关的利害关系人或其法定代理人；书面通知被结案人居住的乡、坊、镇政府或者其工作、学习的机关、组织。

第 396 条　将案卷发回重新侦查、重新审理的期限

如果监督审合议庭决定撤销已经发生法律效力的判决、决定，发回重新侦查，则应当在决定作出之日起 15 日内，将案卷移送同级检察院，按照本法典规定的一般程序重新侦查。

如果监督审合议庭决定撤销已经发生法律效力的判决、决定，发回初审一级法院或复审一级法院重新审理，则应当在决定作出之日起 15 日内，将案卷移送有管辖权的法院，按照本法典规定的一般程序重新审理。

第二十六章　再审程序

第 397 条　再审的性质

再审是对法院已经发生法律效力的判决、决定，因发现了在该判决、决定作出时所不知道的新事实情节，且可能导致该判决、决定发生变更而进行的重新审理。

第 398 条　再审程序的抗诉依据

有以下情形之一的，按照再审程序对法院已发生法律效力的判决、决定进行抗诉：

1. 有根据证明证人证言、鉴定结论、财产评估结论、翻译人员的译词、翻译文件等证据中有重要内容不符合客观事实；

2. 侦查员、检察员、审判员、陪审员因不知道的事实情节作出错误结论而导致法院所作出的判决、决定不符合案件的客观事实；

3. 侦查、起诉、审判活动的物证、笔录，其他诉讼活动笔录，或者案件中的其他证据、材料、物品被造假或不符合事实；

4. 其他情形导致法院已生效的判决、决定不符合案件客观事实。

第 399 条 新发现事实情节的通报与确认

1. 被结案人、机关、组织以及任何个人都有权发现案件的新事实情节并连同有关材料通报给检察院或法院。人民法院收到通报或者自己发现案件的新事实情节后，应立即将书面文件并附上有关资料通报给有权进行再审抗诉的检察院检察长。由有权进行再审抗诉的检察院检察长对该新事实情节作出确认决定。

2. 检察院必须对新事实情节进行确认；有权进行再审抗诉的检察院检察长认为有必要时，可要求侦查机关对案件新事实情节进行查明，并将查明结果交给检察院。

3. 对案件新事实情节进行查明过程中，检察院、侦查机关有权适用本法典所规定的各项侦查措施。

第 400 条 有权按照再审程序抗诉的人

1. 最高人民检察院检察长有权对各级法院的生效判决、决定进行再审程序抗诉，但最高人民法院法官委员会的决定除外。

2. 中央军事检察院检察长有权对军区军事法院、区域军事法院的生效判决、决定进行再审程序抗诉。

3. 高级人民检察院检察长有权对其管辖区域内的省级人民法院、县级人民法院生效判决、决定进行再审程序抗诉。

第 401 条 再审程序抗诉的期限

1. 对被结案人不利的再审抗诉只能在《刑法典》第 27 条所规定的刑事追诉期限内进行，且再审抗诉期限从检察院收到发现新事实情节的通报之日后不得超过 1 年；

2. 对被结案人有利的再审抗诉则无期限限制，即便被结案人已经死亡，需要为其鸣冤的，也应进行再审程序抗诉。

3. 刑事附带民事诉讼中针对当事人的民事抗诉，应当依照民事诉讼法的规定进行。

第402条　再审合议庭的权限

1. 不同意抗诉意见并维持被抗诉的原生效判决、决定。

2. 撤销原生效判决、决定以进行重新侦查或审理。

3. 撤销原生效判决、决定并终止案件

4. 终止再审程序。

第403条　有关再审的其他程序

再审的其他程序可以按照本法典关于监督审程序的相关规定进行。

第二十七章　最高人民法院法官委员会决定的重新审查程序

第404条　要求、建议和提议重新审查最高人民法院法官委员会的决定

1. 当有根据确定最高人民法院法官委员会的决定严重违法或者发现新的能够根本改变决定内容的重要事实情节，而最高人民法院法官委员会作出决定时未掌握这些事实情节，若有国会常务委员会要求，国会司法委员会、最高人民检察院检察长建议，最高人民法院院长提议，则最高人民法院法官委员会必须要召开会议并重新审查该决定。

2. 国会常务委员会要求的，最高人民法院院长有责任向最

高人民法院法官委员会报告以重新审查最高人民法院法官委员会的决定。

3. 国会司法委员会、最高人民检察院检察长建议的，最高人民法院法官委员会要召开会议审查该建议。

最高人民法院院长提议的，则报告最高人民法院法官委员会召开会议审查该提议。

第405条 最高人民法院法官委员会参加对建议、提议进行审查会议的成员构成

1. 最高人民检察院检察长须参加最高人民法院法官委员会召开的审查会议以评议国会司法委员会、最高人民检察院检察长的建议及最高人民法院院长的提议。

2. 国会司法委员会的代表可获邀请参与最高人民法院法官委员会审查会议以评议国会司法委员会的建议。

3. 认为有必要的，最高人民法院可以邀请相关机关、组织、个人参与会议。

第406条 召开建议和提议审查会议的准备

1. 在收到国会司法委员会、最高人民检察院检察长的建议之后，或者在最高人民法院院长通过书面文件提议重新审查最高人民法官委员会的决定之后，最高人民法院要将该建议、提议书的副本附上案件卷宗移送给最高人民检察院以让其为在建议、提议审查会议上发表意见做准备。

最高人民法院院长组织材料审定以在会议上向最高人民法院法官委员会报告让其审查并作出决定。

2. 在收到国会司法委员会、最高人民检察院检察长的建议之日，或者在最高人民法院院长通过书面文件提议重新审查最高人民法官委员会的决定之日起 30 日内，最高人民法院法官委员会必须召开审查该建议、提议的会议并书面通知最高人民检察院检察长关于该会议的时间和地点。

第 407 条　建议、提议审查会议程序

1. 最高人民法院院长自行或者指定最高人民法院法官委员会的一名成员简要陈述案件内容和案件处理过程。

2. 建议、提议对最高人民法院法官委员会的决定进行重新审查的国会司法委员会代表、最高人民法院院长、最高人民检察院检察长就以下面问题进行陈述：

（1）建议、提议内容；

（2）建议、提议根据；

（3）分析旧证据和补充的新证据（若有）以述明最高人民法院法官委员会决定中的严重违法内容或者能够根本改变最高人民法院法官委员会决定的新事实情节。

3. 审查国会司法委员会的建议或者最高人民法院院长的提议时，最高人民检察院检察长对建议、提议的合法性和有根据性发表意见；表明其同意或不同意该建议、提议的观点和理由。

4. 最高人民法院法官委员会进行讨论，并按照少数服从多数原则表决同意或不同意重新审查最高人民法院法官委员会决定的建议、提议。

5. 同意国会司法委员会、最高人民检察院检察长的建议或者最高人民法院院长的提议的，最高人民法院法官委员会决定召开对自己的决定进行重新审查的会议。

6. 建议、提议审查会议上的所有过程以及通过的各项决定都要记入笔录，并存入建议、提议审查卷宗。

第 408 条 建议、提议审查会议的结果通报

会议结束之后，最高人民法院法官委员会以书面形式向国会司法委员会、最高人民检察院检察长通报关于同意或不同意建议、提议的会议结果。通报文件要写明同意或不同意建议、提议的理由。

不同意最高人民法院法官委员会对建议、提议的审查结果的，国会司法委员会、最高人民检察院检察长、最高人民法院院长有权报告国会常务委员会审查、决定。

第 409 条 案件卷宗审定；证据、材料、物品的查明、收集

1. 国会常务委员会要求或者最高人民法院法官委员会决定同意重新审查自己的决定的，最高人民法院院长在必要时组织案件卷宗审定及证据、材料、物品的查明、收集工作。

2. 案件卷宗审定及证据、材料、物品的查明、收集工作须查清最高人民法院法官委员会的决定是否存在严重违法的情节或者是否存在能够根本改变最高人民法院法官委员会决定的新事实情节。

第 410 条 召开重新审查最高人民法院法官委员会决定会议的期限

1. 自收到国会常务委员会的要求或者自最高人民法院法官委员会同意对自己的决定进行重新审查之日起 4 个月内，最高人民法院法官委员会必须召开会议。

2. 在国会常务委员会要求的情形中，最高人民法院以书面形式通报最高人民检察院重新审查最高人民法院法官委员会决定会议的时间和地点，并附上案件卷宗。

第 411 条 重新审查最高人民法院法官委员会决定的程序

和权限

1. 最高人民检察院检察长必须参与重新审查最高人民法院法官委员会决定的会议，并对最高人民法院法官委员会的决定是否存在严重违法的情节或者是否存在能根本改变其决定内容的新事实情节发表意见，并就如何解决案件提出观点。

2. 在听取最高人民法院院长的报告以及参与会议的最高人民检察院检察长、有关机关、组织和个人的意见（若有）之后，最高人民法院法官委员会决定：

（1）不接受国会常务委员会的要求，国会司法委员会、最高人民检察院检察长的建议，最高人民法院院长的提议，并维持最高人民法院法官委员会的原决定；

（2）撤销最高人民法院法官委员会的决定，撤销违法的已生效判决、决定，并作出关于案件内容的决定；

（3）撤销最高人民法院法官委员会的决定，撤销违法的已生效判决、决定，并按照法律规定确认损害赔偿责任；

（4）撤销最高人民法院法官委员会的决定，撤销违法的已生效判决、决定，以重新侦查或重新审理。

3. 最高人民法院法官委员会的决定需要至少 3/4 的最高人民法院法官委员会成员表决赞成。

第 412 条　送达最高人民法院法官委员会关于重新审查最高人民法院法官委员会决定事项所作出的决定

最高人民法院法官委员会作出本法典第 411 条规定的任何一个决定之后，最高人民法院要向国会常务委员会、国会司法委员会、最高检察院检察长、曾处理案件的侦查机关、检察院、法院以及相关人员送达决定书。

第七部分　特别程序

第二十八章　未满 18 岁人员的诉讼程序

第 413 条　适用范围

未满 18 岁的被控罪人、被害人、证人的诉讼程序，适用本章的规定以及本法典其他与本章内容不相冲突的规定。

第 414 条　诉讼原则

1. 保证诉讼程序友善、符合未满 18 岁人员的心理、年龄、成长程度和认识能力；保障未满 18 岁人员的合法权益；保障未满 18 岁人员的最优利益。

2. 保证保守未满 18 岁人员的秘密。

3. 保障未满 18 岁人员的法定代理人，未满 18 岁人员学习、劳动和生活所在地的学校、青年团、其他有经验及通晓社会和心理的人、组织等参与诉讼的权利。

4. 尊重未满 18 岁人员参加诉讼、发表意见的权利。

5. 保障未满 18 岁人员的辩护权和获得法律援助的权利。

6. 保障《刑法典》关于未满 18 岁人员犯罪所规定的处理原则。

7. 保证快速、及时处理未满 18 岁人员有关案件。

第 415 条　诉讼工作人员

对于未满 18 岁人员案件进行诉讼工作的人员必须是经过培

训或是对未满 18 岁人员侦查、起诉、审判有相关经验的人，具有通晓未满 18 岁人员心理学、教育科学的必要知识。

第 416 条　对未满 18 岁的被控罪人进行诉讼时须确定的问题

1. 未满 18 岁人员的年龄、体质和精神发展状况以及犯罪行为认识能力。

2. 生活和教育条件。

3. 是否有年满 18 岁以上的人教唆。

4. 犯罪的原因、条件与环境。

第 417 条　未满 18 岁被控罪人、被害人的年龄确定

1. 未满 18 岁被控罪人、被害人的年龄由有关诉讼机关按照法律规定进行确定。

2. 若已经采用各种合法措施但仍不能确定他们的出生日期的，则确定如下：

（1）若能确认出生月份但不能确认出生日期的情况下就以此月的最后一日为出生日期。

（2）若能确认出生季节但不能确认出生月份和日期的情况下就以此季节的最后月份最后一日为出生日期。

（3）若能确认半年但不能确认月份和日期的情况下就以那半年的最后月份的最后一日为出生日期。

（4）若能确认年但不能确认月份和日期的情况下就以那年的最后一日为出生日期。

3. 若不能确认出生年就须进行鉴定以确认年龄。

第 418 条　对未满 18 岁被控罪人的监视

1. 侦查机关、被交付侦查任务的机关、检察院、法院可以作出决定将未满 18 岁的被控罪人交给其法定代理人监视，以保障其在有权诉讼机关传唤时到场。

2. 被交给监视任务者有义务严格监视未满 18 岁的人，关注其品格、道德和教育。

未满 18 岁的人有逃跑迹象或有收买、胁迫、诱使他人作虚假陈述，提供不符合事实的材料，销毁、伪造案件证据、材料和物品，转移案件相关财产，威胁、控制和报复证人、被害者、犯罪告发人或其亲属，或者继续有犯罪等行为的，被交给监视任务者须及时通报并配合有权诉讼机关以便及时采取强制措施和及时处理。

第 419 条　强制措施、强制办法的适用

1. 只能在必要的情况下对未满 18 岁的被控罪人适用强制措施、强制办法。

当有根据表明对未满 18 岁的被控罪人采取监视和其他强制措施无效果时，才能适用拘押和羁押措施。对未满 18 岁的被控罪人的羁押期限为本法典规定对年满 18 岁人员羁押期限的 2/3。当不再有根据继续拘押和羁押的，有权诉讼机关和人员必须及时撤销拘押和羁押措施，采取其他强制措施予以代替。

2. 年满 14 岁不满 16 岁的人如违反《刑法典》第 12 条第 2 款规定的罪，并有本法典第 110、111、112 条及第 119 条第 2 款第（1）、（2）、（3）、（4）、（5）项所规定的依据，可对其适用紧急情况下的拘留、逮捕、拘押、羁押措施。

3. 年满 16 岁不满 18 岁的人故意犯严重罪、非常严重罪、特别严重罪，并有本法典第 110、111、112 条及第 119 条第 2 款第（1）、（2）、（3）、（4）、（5）项所规定的依据，可对其适用紧急情况下的拘留、逮捕、拘押、羁押措施。

4. 对于年满 16 岁不到 18 岁的犯罪嫌疑人、被告人，因犯

有过失严重罪、《刑法典》规定最高刑为 2 年的轻罪而被立案、侦查、起诉、审判的，如果他们继续犯罪、逃跑或被通缉，则可对其适用逮捕、拘押、羁押措施。

5. 对未满 18 岁的人适用紧急情况下的拘留、逮捕、拘押、羁押措施的，作出拘留令及逮捕、拘押、羁押决定的人须在采取以上强制措施时起 24 个小时内通知其法定代理人。

第 420 条 法定代理人、学校和组织的诉讼参与

1. 未满 18 岁人员的法定代理人、教师及其学习、劳动和生活所在地学校、青年团、其他组织代表有按照侦查机关、检察院、法院的决定参与诉讼的权利和义务。

2. 未满 18 岁人的法定代理人可以参加未满 18 岁人员接受询问、讯问的诉讼活动；可以提交证据、材料、物品，提出请求、申诉和控告；在侦查结束后可以阅读、摘抄、复制案卷中有关未满 18 岁人被控罪的材料。

3. 本条第 1 款规定的参与人在参加庭审时有权提交证据、材料、物品，提出请求，建议诉讼工作人员回避，发表意见，参与辩论，对有权诉讼工作人员的诉讼行为和法院的决定提出申诉。

第 421 条 询问被紧急情况拘留人、被逮捕人、被拘押人、被害人、证人；讯问犯罪嫌疑人；对质

1. 当询问的被紧急情况拘留人、被逮捕人、被拘押人、被害人、证人及被讯问的犯罪嫌疑人为未满 18 岁的人，有权诉讼机关须将询问、讯问的时间、地点事先告知其辩护人、法定代理人、合法权益保护人。

2. 询问被紧急情况拘留人、被逮捕人、被拘押人及讯问犯罪嫌疑人必须有他们的辩护人或者法定代理人在场。

询问被害人、证人必须有他们的法定代理人或合法权益保护人参与。

3. 经侦查员、检察员同意，辩护人、法定代理人可以向未满18岁的被逮捕人、被拘押人、犯罪嫌疑人提问。每次有权诉讼工作人员询问或讯问结束后，辩护人、法定代理人可以向未满18岁的被紧急情况拘留人、被逮捕人、被拘押人及犯罪嫌疑人提问。

4. 对未满18岁人员进行询问的时间一天不得超过2次，每次不得超过2个小时，除非案件有许多复杂情节。

5. 对未满18岁的犯罪嫌疑人进行讯问的时间一天不得过2次，每次不得超过2个小时，除了以下情形：

（1）有组织犯罪；

（2）为了追捕另一个在逃的犯罪人员；

（3）阻止其他人犯罪；

（4）为了查找犯罪工具、设备或案件的其他物品；

（5）案件有许多复杂的情节。

6. 有权诉讼工作人员只有在不进行对质就无法处理案件的情况下，才能让未满18岁的被害人与犯罪嫌疑人、被告人对质以查清案件情节。

第 422 条　辩护

1. 未满18岁的被控罪人可以自行辩护或请他人辩护。

2. 未满18岁被控罪人的法定代理人有权为未满18岁被控罪人委托辩护人或自己为其辩护。

3. 未满18岁的被控罪人没有辩护人或他们的法定代理人不为其委托辩护人的，则侦查机关、检察院、法院必须按照本法典第76条的规定为其指定辩护人。

第 423 条　审判

1. 案件初审合议庭的成员中必须有一个陪审员是教师、青年团的干部或者是有经验、通晓未满 18 岁人员心理的人。

2. 在需要对未满 18 岁的被告人、被害人进行特殊保护情况下，法院可以决定不公开审判。

3. 开庭审理未满 18 岁的被告人，必须有被告人的法定代理人，被告学习、生活所在地的学校、组织代表到庭，但这些人因非不可抗理由或没有客观障碍因素而不到庭的除外。

4. 在法庭上对未满 18 岁的被告人、被害人和证人的提问和辩论，应符合其年龄和发展程度。法庭布置要亲善，使之适合于 18 岁以下的人员。

5. 对于有未满 18 岁的被害人、证人的案件，被害人、证人在法庭陈述时，合议庭必须限制被害人、证人与被告接触。审判长可以要求被害人、证人的法定代理人、合法权益保护人向被害人、证人提问。

6. 在审判时，如果认为没有必要判处被告刑罚，合议庭应对其适用在教养学校接受教育措施。

7. 最高人民法院院长制定家事和未成年人法庭审理未满 18 岁人员案件的细则。

第 424 条　终止在乡、坊、镇执行教育措施及在教养学校执行教育措施，减免执行刑罚

满足《刑法典》第 95、96 或 105 条规定的条件时，未满 18 岁的被结案人可以获得终止在乡、坊、镇执行教育措施及在教养学校执行教育措施，减免执行刑罚。

第 425 条　清除犯罪记录

未满 18 岁的犯罪人员具备《刑法典》第 107 条规定的条件时，其清除犯罪记录程序按照本法典的一般规定进行。

第 426 条　对免除刑事责任的未满 18 岁犯罪人员适用监视和教育措施的权限分工

侦查机关、检察院、法院有权对免除刑事责任的未满 18 岁犯罪人员适用以下监视、教育措施之一：

1. 谴责；

2. 社区和解；

3. 在乡、坊、镇教育。

第 427 条　谴责措施的适用程序和手续

1. 对未满 18 岁犯罪人员进行免除刑事责任时，认为根据《刑法典》的规定符合适用谴责措施条件的，则由侦查机关首长、副首长，检察院的检察长和副检察长、合议庭对自己所受理、处理案件中的未满 18 岁犯罪人员决定适用谴责措施。

2. 适用谴责措施的决定书包括以下主要内容：

（1）决定的编号、作出日期和地点；

（2）有权作出决定人员的姓名、职位、签名与作出决定的机关盖章；

（3）作出决定的理由与证据；

（4）犯罪嫌疑人、被告的姓名、出生日期、居住地；

（5）所适用《刑法典》的条、款、项、罪名；

（6）被谴责人履行义务的时间。

3. 侦查机关、检察院、法院应立即将谴责决定书送达被谴责人及其父母或法定代理人。

第 428 条　社区和解措施的适用程序和手续

1. 认为根据《刑法典》的规定符合适用社区和解措施条件的，则由侦查机关首长、副首长，检察院的检察长和副检察长、合议庭决定适用社区和解措施。

2. 适用社区和解措施的决定书包括以下主要内容：

（1）决定的编号、作出日期和地点；

（2）有权作出决定人员的姓名、职位、签名与作出决定的机关盖章；

（3）作出决定的理由与证据；

（4）所适用《刑法典》的条、款、项、罪名；

（5）被分工进行和解的侦查员、检察员或审判员的姓名；

（6）犯罪嫌疑人、被告的姓名、出生日期、居住地；

（7）被害人的姓名；

（8）参加和解的其他人姓名；

（9）进行和解的时间、地点。

3. 社区和解决定书最迟应在进行和解之前 3 日送达未满 18 岁犯罪人员及其父母或法定代理人，被害人及其法定代理人，以及进行社区和解所在地的乡、坊、镇人民政府。

4. 在进行和解时，被指派参加和解的侦查员、检察员或审判员必须与组织社区和解所在地的乡、坊、镇人民政府配合，并制作和解书。

5. 和解书包括以下主要内容：

（1）和解进行的地点、年月日时，和解开始和结束时间；

（2）被指派参加和解的侦查员、检察员或审判员姓名；

（3）犯罪嫌疑人、被告人的姓名、出生日期、居住地；

（4）被害人的姓名、出生日期、居住地；

（5）参加和解的其他人员姓名、出生日期、居住地；

（6）参加和解人员的提问、回答和陈述内容；

（7）和解结果；未满 18 岁犯罪人员及其父母或法定代理人向被害人进行道歉或损害赔偿（若有）；被害人及其法定代理人自愿和解，建议免除刑事责任（若有）；

（8）侦查员、检察员或审判员的签名。

6. 和解结束之后，参加和解的侦查员、检察员或审判员必须立即将和解书向参与和解人员宣读。若有人要求修改、补充和解书内容，制作和解书的侦查员、检察员或审判员应将修改补充内容记入和解书并签名确认。若不同意其要求则要在和解书上写明理由。和解书应立即送达各和解参与人。

第 429 条 在乡、坊、镇教育措施的适用程序与手续

1. 对未满 18 岁犯罪人员进行免除刑事责任时，如果认为根据《刑法典》的规定符合适用在乡、坊、镇教育措施的条件，则由侦查机关首长、副首长，检察院的检察长和副检察长、合议庭对自己所受理、处理案件中的未满 18 岁犯罪人员决定适用在乡、坊、镇教育措施。

2. 适用在乡、坊、镇教育措施的决定应包括以下主要内容：

（1）决定的编号、作出日期及地点；

（2）作出决定人员的姓名、职位、签名与作出决定的机关盖章；

（3）作出决定的理由与证据；

（4）犯罪嫌疑人、被告人的姓名、出生日期、居住地；

（5）所适用《刑法典》的条、款、项、罪名；

（6）采取在乡、坊、镇教育措施的期限；

（7）被采取教育措施人居住地乡、坊、镇政府的责任。

3. 自签发适用在乡、坊、镇教育措施的决定之日起 3 日内，侦查机关、检察院、法院应将决定书送达给被采取该措施的人及其父母亲或法定代理人，以及他们居住地的乡、坊、镇政府。

第 430 条　在教养学校教育措施的适用程序与手续

1. 如果认为没有必要判处未满 18 岁被告人刑罚，合议庭则应在判决中决定对其适用在教养学校接受教育措施。

2. 适用在教养学校教育措施的决定应包括以下主要内容：

（1）决定书的编号、决定作出日期及地点；

（2）作出决定的合议庭成员姓名、签名；

（3）作出决定的理由与依据；

（4）被告人的姓名、出生日期、居住地；

（5）所适用《刑法典》的条、款、项、罪名；

（6）适用在教养学校教育措施的期限；

（7）被采取接受该教育措施的人所在教养学校的责任。

3. 适用在教养学校教育措施的决定书应立即送达未满 18 岁的犯罪人员及其父母或其法定代理人，以及实行该教育措施的教养学校。

第二十九章　追究法人刑事责任的诉讼程序

第 431 条　适用范围

对于法人被控告、报案、建议立案，侦查，起诉，审判和执行等程序均根据本章规定进行，同时可适用本法典中与本章不冲突的其他规定。

第 432 条　刑事立案，变更、补充刑事立案决定

1. 有权机关确定法人有犯罪迹象时，应根据本法典第 143 条、第 153 条和第 154 条规定作出刑事立案决定。

2. 变更、补充刑事立案决定的依据、程序与手续应依照本法典第 156 条的规定进行。

第 433 条　对法人犯罪嫌疑人的立案，变更、补充对法人犯罪嫌疑人的立案决定

1. 当有充分的依据确定法人实施了《刑法典》所规定为犯罪的行为时，有权机关应作出对法人犯罪嫌疑人立案的决定。

2. 对法人犯罪嫌疑人立案的决定应写明作出决定的时间和地点；决定作出人的姓名和职务；根据主管机关的设立决定所确定法人的名称和地址；所适用《刑法典》中的罪名、条款；犯罪时间、地点和其他犯罪情节。

如果法人因多种不同罪名被立案，则对法人犯罪嫌疑人立案的决定应写明每项罪名及其适用《刑法典》的条款。

3. 对法人犯罪嫌疑人的立案以及变更、补充对法人犯罪嫌疑人立案决定的权限、程序与手续依照本法典第 179 条和第 180 条的规定实施。

第 434 条　法人参加诉讼的法定代表人

1. 被追究刑事责任的法人的所有诉讼活动均应通过其法定代表人进行。法人必须任命并确保法定代表人根据有权机关及工作人员的要求完整参加立案、侦查、起诉、审判、执行的活动。

法定代表人被立案、侦查、起诉、审判或无法参加诉讼的，法人必须指定另一人作为其法定代表人参加诉讼。如果法人变

更其法定代表人，则必须立即通知有权诉讼机关。

在立案、侦查、起诉、审判时，法人没有法定代表人或者有多个法定代表人时，有权诉讼机关则应当指定一人作为法定代表人代表法人参加诉讼。

2. 法人的法定代表人参加诉讼必须将其姓名、出生日期、国籍、民族、宗教、性别、职业、职务等信息告知有权诉讼机关。如果这些信息发生变更时，则法定代表人必须立即通知有权诉讼机关。

第 435 条　法人法定代表人的权利与义务

1. 法人法定代表人有以下权利：

（1）获告知处理犯罪信息来源的结果；

（2）获告知其所代表的法人被立案的原因；

（3）获告知、解释本条所规定的权利和义务；

（4）接收对法人犯罪嫌疑人立案的决定，变更或补充对法人犯罪嫌疑人立案决定的决定，对法人犯罪嫌疑人立案决定的批准决定，批准变更或补充对法人犯罪嫌疑人立案决定的决定，适用、变更、撤销强制措施决定，侦查结论书，中止、终止侦查决定，中止、终止案件决定，起诉书，将案件提交审判决定，法院的判决、决定，以及本法典规定的其他诉讼决定；

（5）陈述事实，发表意见，不被强迫作对其所代表法人不利或被迫承认其所代表法人有罪的陈述；

（6）提出证据、材料、物品、要求；

（7）根据本法典的规定申请有权诉讼工作人员、鉴定人、财产评估人、翻译人员、编译人员回避；

（8）为法人自行辩护或委托辩护人辩护；

（9）从侦查终结开始，如有需要，可阅读、摘抄与控罪、去罪相关的案件材料副本或数据化资料以及与法人辩护相关的其他材料副本；

（10）参加庭审；经审判长同意可请审判长或自行向参加庭审人员提问；参加法庭辩论；

（11）审议前的最后意见陈述；

（12）查看庭审笔录，要求将修改、补充意见记入庭审笔录；

（13）对法院的判决、决定提出上诉；

（14）对有权诉讼机关、人员的诉讼行为、决定提出申诉。

2. 法人法定代表人的义务：

（1）按照有权诉讼工作人员的传票到案。如果不是由于不可抗力或客观障碍的原因不到案的，则可以对之采取引解措施；

（2）执行有权诉讼机关、人员的决定和要求。

第 436 条 对法人的强制办法

1. 侦查机关、被交付侦查任务的机关、检察院、法院可以对被立案、侦查、起诉、审判的法人采取以下强制办法：

（1）查封与法人犯罪行为有关的财产；

（2）冻结与法人犯罪行为有关的法人账户；

（3）有期限中止法人与其犯罪行为有关的经营活动；

（4）强制缴纳款项以确保案件执行。

2. 适用本条第 1 款规定强制办法的期限不得超过侦查、起诉和审判的期限。

第 437 条 查封、扣押财产

1. 查封财产立案、侦查、起诉、审判的法人犯有《刑法典》规定有财产刑的罪或为了确保损害赔偿的情形。

2. 查封财产的额度应与可能没收、罚金或损害赔偿额度相当。被查封的财产交由法人负责人负责保管。如果发生消费、非法使用、转让、偷换、隐瞒或破坏被查封财产的情形，则该负责人必须根据法律规定承担责任。

3. 查封法人财产时，必须有以下人员在场：

（1）法人的法定代表人；

（2）法人被查封财产所在地乡、坊、镇政府代表人；

（3）见证人。

4. 查封财产的权限、程序和手续根据本法典第 128 条的规定执行。

第 438 条 冻结账户

1. 冻结账户适用于立案、侦查、起诉、审判的法人犯有《刑法典》规定有财产刑的罪或为了确保损害赔偿的情形，且有证据确定该法人在信贷机构或国库有账户。

2. 如果有根据确定其他个人、组织账户中的钱款与法人犯罪行为有关的，也可冻结该其他个人和组织的账户。

3. 冻结账户中的金额应与可能的罚金或损害赔偿数额相当。

4. 有权冻结账户的机关必须将冻结账户的决定交给管理该法人账户或与法人犯罪行为有关的其他个人和组织账户的信贷机构或国库的代表。

5. 冻结账户的权限、程序与手续依照本法典第 129 条的规定执行。

第 439 条 有期限中止法人与其犯罪行为有关的经营活动；强制缴纳款项以确保案件执行

1. 有期限中止法人与其犯罪行为有关的经营活动仅适用于

有根据确定法人的犯罪行为损害或可能损害人的生命健康、环境或社会秩序、安全的情形。

本法典第 113 条第 1 款所规定的诉讼工作人员有权作出有期限中止法人经营活动的决定。本法典第 113 条第 1 款第（1）项所规定的诉讼工作人员作出中止法人经营活动的决定，在执行前须经同级检察院批准。

中止法人经营活动的期限不得超过本法典规定的侦查、起诉和审判期限。对被结案的法人适用中止经营活动的期限不得超过从宣判到法人执行案件生效裁判的时间。

2. 强制缴纳款项以确保案件执行适用于被立案、侦查、起诉、审判的法人犯有《刑法典》规定有财产刑的罪或为了确保损害赔偿的情形。

强制缴纳款项的金额应与可能的罚金或损害赔偿数额相当。

本法典第 113 条第 1 款所规定的诉讼工作人员有权作出强制缴纳款项以确保案件执行的决定。本法典第 113 条第 1 款第（1）项所规定的诉讼工作人员作出强制缴纳款项以确保案件执行的决定，在执行前须经同级检察院批准。

国家政府对强制缴纳款项以确保案件执行决定的程序、手续和额度，以及对缴纳金额的保管、退还、上交国家财政等问题制定细则。

第 440 条 传唤法人的法定代表人

1. 传唤法人的法定代表人时，有权诉讼工作人员必须送达传票。传票应写明法人的法定代表人姓名、住所或工作地点，到案的年、月、日、时和地点，见谁以及由于非不可抗力或客观障碍不到案的法律责任。

2. 传票应送达给法人的法定代表人，或法定代表人工作单位，或法人法定代表人居住地的乡、坊、镇政府。收到传票的机关、组织应当立即将传票转交给法人的法定代表人。

收到传票时，法人的法定代表人必须签收并写明收件的日期和时间。转交传票的人必须将代表人签收的传票部分转交给传唤机关；如果代表人不签收，则必须将该事项制作笔录并交给传唤机关；如果代表人不在，则可以将传票交给其家庭中 18 岁以上的人签名以确认将其转交代表人。

3. 法人的法定代表人必须按照传票到案。如果不是因不可抗力或客观障碍而不到案时，有权诉讼工作人员可以对其作出引解的决定。

第 441 条　对被控罪的法人进行诉讼时需要证明的对象

1. 是否有《刑法典》所规定须由法人承担刑事责任的犯罪行为发生，犯罪行为的时间、地点及其他犯罪事实情节。

2. 法人的罪过，法人成员的个人罪过。

3. 法人的犯罪行为造成损害的性质和程度。

4. 减轻、加重刑事责任情节及与免除刑罚有关的其他事实情节。

5. 犯罪原因和条件。

第 442 条　询问法人的法定代表人

1. 询问法人的法定代表人必须由侦查机关侦查员、被交付侦查任务的机关的侦查干部在进行侦查地，侦查机关、被交付侦查任务的机关的驻所地，或在法人的住所地进行。在进行询问之前，侦查人员、侦查干部必须将询问的时间和地点通知检察员和辩护人。认为有必要时，检察员应参加询问。

2. 在第一次询问之前，侦查机关侦查员、被交付侦查任务的机关的侦查干部必须向法人的法定代表人解释本法典第 435 条规定的权利与义务并记入笔录。法人的法定代表人可以自书陈述。

3. 不准在夜间询问法人的法定代表人。

4. 检察员在法人的法定代表人不承认法人犯罪行为或对侦查活动进行申诉时，以及有依据确定侦查活动违反法律规定或认为有必要的其他情况下，可对法人的法定代表人进行询问。

检察员询问法人的法定代表人也应依照本条规定进行。

5. 在侦查机关、被交付侦查任务的机关的驻所地询问法人的法人代表人的，必须要进行录音或进行有声录像。

在其他地点询问法人的法定代表人的，可以根据法人法律代表人、有权诉讼机关、有权诉讼工作人员的要求录音或进行有声录像。

6. 询问法人的法定代表人应按照本法典第 178 条规定制作笔录。

第 443 条　中止侦查，终止调查，终止案件，终止法人犯罪嫌疑和被告的决定

1. 征求鉴定、委托财产评估、要求国外司法协助但期限届满时仍然没有结果的，侦查机关、被交付侦查任务的机关可作出中止侦查的决定。在这种情况下，鉴定、财产评估、国外司法协助仍继续进行，直到获得结果为止。

2. 有以下情况之一的，侦查机关、被交付侦查任务的机关作出终止侦查的决定，检察院、法院作出终止案件、终止法人犯罪嫌疑和被告的决定：

（1）没有犯罪事实；

（2）法人行为不构成犯罪；

（3）法人的犯罪行为已作出具有法律效力的判决或决定终止该案件的；

（4）侦查期限届满，但不能证明法人实施了犯罪；

（5）已过刑事责任追诉时效。

第 444 条　对法人的审判管辖权和审判程序

1. 有权审理法人犯罪案件的法院是法人实施犯罪行为地法院。法人在不同地方实施犯罪的，具有管辖权的法院是该法人总部所在地或实施犯罪行为的分支机构所在地法院。

2. 对法人犯罪案件的初审、复审、监督审、再审按照本法典第四部分和第六部分规定的一般程序进行。对法人犯罪案件的庭审必须有法人的法定代表人、同级检察院检察员到庭，有被害人或其法定代理人到庭。

第 445 条　对法人的执行管辖权和执行程序

1. 民事案件执行机关的负责人有权对法人的罚金刑作出执行决定。执行罚金刑的程序与手续按照《民事案件执行法》的规定执行。

2. 国家有权机关按照法律规定对法人执行其被判处《刑法典》所规定的其他刑罚和司法措施。

3. 被定罪的法人进行了分立、分离、合并、并入等事项的，则由继承被定罪法人权利和义务的法人履行罚金和赔偿损失的执行义务。

第 446 条　当然清除法人犯罪记录的手续

初审法院院长在收到法人要求当然清除犯罪记录的申请之后 5 日内，经审查认为法人符合《刑法典》第 89 条所规定条件的，签发犯罪记录已被清除的确认书。

第三十章　强制治疗措施适用程序

第447条　强制治疗措施的适用条件和权限分工

1. 当有根据表明实施社会危害行为的人是符合《刑法典》第21条规定的无刑事责任能力人，则应随不同的诉讼阶段由侦查机关、检察院、法院征求精神病司法鉴定。

2. 根据精神病司法鉴定结论，检察院决定侦查和起诉阶段强制治疗措施的适用；法院决定审判和执行阶段强制治疗措施的适用。

第448条　对被疑为无刑事责任能力人的侦查

1. 对于有根据表明实施社会危害行为人无刑事责任能力的案件，侦查机关必须查清以下情况：

（1）已发生的社会危害行为；

（2）实施社会危害行为人的心理状况和精神疾病；

（3）实施社会危害行为人是否丧失认识能力或控制自己行为的能力。

2. 在诉讼过程中，自确定实施社会危害行为人患有精神病或其他让其丧失认识能力或控制自己行为能力的疾病时起，侦查机关必须保障其有辩护人参加诉讼。必要时，其法定代理人可以参加诉讼。

第449条　在侦查阶段适用强制治疗措施

1. 当侦查机关征求精神病司法鉴定而鉴定结果确定为犯罪嫌疑人患有精神病或其他让其丧失认识能力或控制自己行为能

力的疾病时，侦查机关应向同级检察院提交适用强制治疗措施的建议书，同时附上鉴定结论以便检察院审查决定。

检察院接到侦查机关的建议书和鉴定结论后的 3 日内，决定对犯罪嫌疑人适用强制治疗措施，如果认为没有足够依据作出决定的，要求侦查机关进行补充鉴定或重新鉴定。

2. 如果检察院作出适用强制治疗措施决定的，则侦查机关必须作出对犯罪嫌疑人中止或终止侦查的决定。

第450条　起诉阶段检察院的决定

1. 在收到案件卷宗和侦查结论书之后，如果有根据表明犯罪嫌疑人没有刑事责任能力，则由检察院征求精神病司法鉴定。

2. 根据鉴定结论，检察院可以作出以下决定之一：

（1）中止案件并适用强制治疗措施；

（2）终止案件并适用强制治疗措施；

（3）退回案件卷宗以进行补充侦查；

（4）起诉犯罪嫌疑人到法院。

3. 除了决定适用强制治疗措施外，检察院还可以处理与案件有关的其他问题。

第451条　审判阶段法院的决定

1. 在受理案件之后，如果有根据表明犯罪嫌疑人、被告人没有刑事责任能力，则由法院征求精神病司法鉴定。

2. 根据鉴定结论，法院可以作出以下决定之一

（1）决定中止或终止案件并适用强制治疗措施；

（2）退回案件卷宗以重新侦查或补充调查；

（3）免除刑事责任或免除刑罚并适用强制治疗措施；

（4）将案件提交审判。

3. 除了决定适用强制治疗措施外，法院还可以处理损害赔偿问题或与案件有关的其他问题。

第 452 条 对正在服徒刑的人适用强制治疗措施

1. 如果有根据表明正在服徒刑的人患有精神病或其他让其丧失认识能力或控制自己行为能力的疾病，则由监狱、看守所、省级公安刑事裁判执行机关向被结案人服徒刑所在地的省级人民法院或军区军事法院提出征求精神病司法鉴定的书面建议。

2. 根据精神病司法鉴定结论，被结案人服徒刑所在地的省级人民法院院长或军区军事法院院长作出中止或终止执行徒刑并适用强制治疗措施的决定。

该人被治愈后，如果不具备免除服徒刑之理由的，则必须继续服徒刑。

第 453 条 申诉、上诉、抗诉

1. 对检察院所作出适用强制治疗措施决定的申诉和处理申诉，按照本法典第三十三章的规定执行。

2. 对法院作出适用强制治疗措施决定的上诉和抗诉，按照本法典中对初审决定的规定执行。

3. 适用强制治疗措施决定具有执行效力，直到有另一个决定取代或撤销了该适用强制治疗措施决定。

第 454 条 终止执行强制治疗措施

1. 强制治疗措施应在由检察院或法院依法指定的强制性精神病治疗机构进行。

2. 如果有强制性精神病治疗机构首长关于被强制治疗的人已经治愈疾病的通报，则提出强制治疗措施建议的机关或作出强制治疗措施决定的检察院、法院应对被强制治疗人的病况进

行精神病司法鉴定。

根据关于被强制治疗人已治愈疾病的鉴定结论，检察院、法院作出终止执行强制治疗措施的决定。

3. 终止执行强制治疗措施的决定由提出强制治疗措施建议的机关或检察院、法院立即送达强制性精神病治疗机构和被强制治疗人的法定代理人。

各项已被中止的诉讼活动、刑罚执行可根据本法典规定予以恢复。

第三十一章　简易程序

第 455 条　简易程序适用范围

侦查、起诉、初审和复审的简易程序适用本章的规定和本法典中与本章规定不相抵触的其他规定。

第 456 条　适用简易程序的条件

1. 在充分满足以下条件时，简易程序可适用于侦查、起诉和初审阶段：

（1）实施犯罪行为的人被抓现行或自首；

（2）犯罪事实简单，证据清晰；

（3）所犯的罪属于轻罪；

（4）犯罪者有明确的居住地和身份信息。

2. 满足以下条件之一的，简易程序可适用于复审：

（1）该案在初审中已适用简易程序，上诉、抗诉仅要求降低刑罚或让被告享有缓刑；

（2）该案虽未在初审中适用简易程序，但符合本条第 1 款规定的所有条件，上诉、抗诉仅要求降低刑罚或让被告人享有缓刑。

第 457 条　适用简易程序的决定

1. 在案件具备本法典第 456 条规定条件的 24 小时内，侦查机关、检察院和法院必须作出适用简易程序的决定。

自作出决定之时始至复审程序结束的整个阶段均可适用简易程序，但按本法典第 458 条规定被撤销的情形除外。

2. 适用简易程序的决定应在作出后的 24 小时内送达犯罪嫌疑人、被告人或其法定代理人，交付辩护人。

侦查机关、法院关于适用简易程序的决定，应当自作出之日起 24 小时内送交同级检察院。

3. 如果认为侦查机关适用简易程序的决定不合法，则在收到该决定后的 24 小时内，检察院必须作出撤销适用简易程序的决定并交给侦查机关。

4. 如果认为法院作出适用简易程序的决定不合法，则检察院应对作出该决定的法院院长提出建议。法院院长必须在收到检察院的建议后 24 小时内审查并作出回复。

5. 适用简易程序的决定可以被申诉。犯罪嫌疑人、被告人或其法定代理人有权就适用简易程序的决定提出申诉；申诉期限为自收到决定之日起 5 日内。申诉书交到作出适用简易程序决定的侦查机关、检察院、法院，并在收到申诉后的 3 日内必须予以解决。

第 458 条　撤销适用简易程序决定

在适用简易程序的过程中，如果本法典第 456 条第 1 款第（2）、（3）、（4）项规定的条件之一不再具备，或者案件属于本法典规定的中止侦查、中止案件或退回案卷补充侦查情形，侦查机关、检察院、法院应作出撤销适用简易程序的决定并根据本法典的普通程序进行诉讼。

诉讼的期限自作出撤销适用简易程序决定时根据本法典规定的普通程序接着计算。

第459条　拘押、羁押以进行侦查、起诉、审判

1. 拘押、羁押的依据、权限和程序按照本法典的规定执行。

2. 拘押期限自侦查机关接收被逮捕人之日起不超过3日。

3. 侦查阶段的羁押期限不得超过20日，起诉阶段的羁押期限不得超过5日，初审阶段羁押期限不得超过17日，复审阶段羁押期限不得超过22日。

第460条　侦查

1. 根据简易程序进行侦查的期限为自作出立案决定之日起20日。

2. 在侦查终结时，侦查机关作出建议起诉的决定。

建议起诉决定须简要载明犯罪行为、犯罪手段、犯罪动机、犯罪目的以及犯罪行为造成损害的性质和程度；适用、变更、撤销强制措施、强制办法；扣押和暂扣材料、物品以及处理物证；犯罪嫌疑人的个人特征，加重、减轻刑事责任的情节；建议起诉的理由和依据；适用《刑法典》的条、款、项、罪名；并写明作出决定的时间、地点，作出决定者的姓名、签名。

3. 在作出建议起诉决定后的24小时内，侦查机关必须将建议起诉的决定送达犯罪嫌疑人或其法定代理人，同时将其交付辩护人、被害人、当事人或其法定代理人，并将建议起诉决定和案件卷宗一并移送给检察院。

第461条　起诉决定

1. 检察院在收到建议起诉决定和案件卷宗之日起5日内作出以下决定之一：

（1）通过起诉决定的形式向法院起诉犯罪嫌疑人；

（2）不起诉犯罪嫌疑人，并作出终止案件决定；

（3）退回案卷以补充侦查；

（4）中止案件；

（5）终止案件。

2. 起诉决定须简要载明犯罪行为、犯罪手段、犯罪动机、犯罪目的以及犯罪行为造成损害的性质和程度；适用、变更、撤销强制措施、强制办法；扣押和暂扣材料、物品以及处理物证；犯罪嫌疑人的个人特征，加重、减轻刑事责任的情节；列明起诉的理由和依据；适用《刑法典》的条、款、项、罪名；并写明作出决定的时间、地点，作出决定者的姓名、签名。

3. 检察院在作出起诉决定后的24小时内，必须将起诉决定送达犯罪嫌疑人或其法定代理人，同时将其交付侦查机关、辩护人、被害人、当事人或其法定代理人，并将起诉决定和案件卷宗一并移送给法院。

第462条　初审程序准备

1. 自案件受理之日起10日内，被分派审理本案的审判员要作出以下决定之一：

（1）将案件提交审判；

（2）退回卷宗以进行补充调查；

（3）中止案件；

（4）终止案件。

2. 如果决定将案件提交审判，则自作出决定后的 7 日内，法院必须开庭审理该案件。

3. 自作出将案件提交审判决定后的 24 小时内，初审法院必须将该决定送交同级检察院，送达给被告人或其法定代理人，并交付辩护人、被害人、当事人或其法定代理人。

第 463 条　初审的法庭审理

1. 按照简易程序进行初审的庭审活动由一名审判员进行。

2. 开庭开始程序之后，由检察员宣读起诉决定。

3. 初审庭审上的其他程序和手续可按本法典规定的一般程序进行，但不进行合议。

第 464 条　复审程序准备

1. 复审法院接收卷宗和受理案件按本法典规定的普通程序进行。

案件受理后，法院必须立即将案件卷宗移交给同级检察院，5 日内检察院将案件卷宗退还给法院。

2. 自案件受理之日起 15 日内，被指派审判案件的审判员作出以下决定之一：

（1）将案件提交复审；

（2）终止对该案的复审程序。

3. 如果决定将案件提交复审，则在决定发布之日起 7 日内，法院必须开庭审理案件。

4. 在作出将案件提交复审的决定后 24 小时内，复审法院必须将该决定送交同级检察院和辩护人；送达被告人或其法定代理人、被害人、当事人或其法定代理人。

第465条　复审的法庭审理

1. 按照简易程序复审的法庭审理由一名审判员进行。

2. 复审的法庭审理中的其他程序与手续按本法典规定的一般程序进行，但不进行合议。

第三十二章　对妨碍刑事诉讼活动行为的处理

第466条　对妨碍有权诉讼机关的诉讼活动行为人的处理

被控罪人、其他诉讼参加人有下列行为之一的，可根据违法程度，由有权诉讼机关依据法律规定作出押解、引解、警告处分、罚款、行政拘留、强制消除后果或追究刑事责任的处理决定：

1. 伪造、销毁证据给案件和相关事项的处理造成妨碍的；

2. 虚假陈述或提供不符合事实的材料；

3. 拒绝供述或拒绝提供材料、物品；

4. 鉴定人和财产评估人员作出虚假结论或非因不可抗力或客观障碍的理由而拒绝作出鉴定结论、财产评价结论的；

5. 欺骗、威胁、贿赂或使用暴力阻扰证人作证或强迫他人作伪证；

6. 欺骗、威胁、贿赂或使用暴力阻扰被害人参加诉讼或强迫被害人作出虚假陈述；

7. 欺骗、威胁、贿赂或使用暴力阻扰鉴定人员、财产评估人员执行任务，或强迫鉴定人员、财产评估人员作出与客观事实不符的错误结论；

8. 欺骗、威胁、贿赂或使用暴力阻扰翻译人员、编译人员执行任务，或强迫翻译人员、鉴定人员进行虚假翻译；

9. 欺骗、威胁、贿赂或使用暴力阻扰其他机构、组织的代表和个人参加诉讼；

10. 侵犯有权诉讼工作人员的名誉、尊严和声誉；威胁、使用暴力或其他方式阻扰有权诉讼工作人员的诉讼活动；

11. 已经被传唤但非因不可抗力或客观障碍因素而不到案，其不到案给诉讼活动造成妨碍的；

12. 妨碍有权诉讼工作人员作出、交付、接收或通报诉讼文书的。

第467条　对违反庭审规则行为人的处理

1. 对违反庭审规则的人，可以根据其违反行为的性质和程度，由审判长根据法律规定给予行政处分。

2. 审判长有权对违反庭审规则的人作出强制驱离法庭或行政拘留的决定。由负责保护庭审秩序的公安机关或者负责保护庭审秩序的人员执行审判长对违反庭审规则的人所作出的强制驱离法庭或行政拘留的决定。

3. 如果违反庭审规则的行为达到了需追究刑事责任的程度，则合议庭有权进行刑事立案。

4. 本条的规定也适用于违反法院听证会规则的行为人。

第468条　处罚形式，处罚权限、程序与手续

对妨碍刑事诉讼活动的行为进行处罚的形式，处罚权限、程序和手续，可依照《行政违法处罚法》和其他有关法律的规定执行。

第三十三章　刑事诉讼中的申诉与控告

第469条　有权申诉的人

1. 如果有根据认为有权诉讼机关、有权诉讼工作人员的诉

讼决定或行为违法、侵犯了自己合法权益的，机关、组织、个人有权对该诉讼决定或行为提出申诉。

2. 如果对尚未生效的法院初审判决或决定，已生效的法院判决或决定，起诉书或起诉决定，适用简易程序的决定，初审合议庭、复审合议庭、监督审合议庭、再审合议庭、减刑、免除执行刑罚或有条件提前释放审判合议庭的决定进行申诉、上诉、抗诉的，则按本法典第二十一、二十二、二十四、二十五、二十六和三十一章的规定进行处理。

第470条 可申诉的诉讼决定和行为

1. 可以申诉的决定是侦查机关首长、副首长、侦查员、检察院检察长、副检察长、检察员、法院院长、副院长、审判员以及授权进行一些侦查活动人员根据本法典规定所作出的决定。

2. 可以申诉的行为是侦查机关首长、副首长、侦查员、侦查干部、检察院检察长、副检察长、检察员、检查员、法院院长、副院长、审判员、审查员以及授权进行一些侦查活动人员根据本法典规定在诉讼活动中所实施的行为。

第471条 申诉时效

1. 申诉的时效是从申诉人收到或知道其认为违反法律的诉讼决定或行为之日起15日。

2. 如果由于不可抗力或客观障碍，申诉人未能在时限内行使其申诉权，则不可抗力时间或客观障碍的时间不计入时效时间。

第472条 申诉人的权利和义务

1. 申诉人有以下权利：

（1）自己申诉或通过辩护人、当事人的合法权益保护人或其法定代理人申诉；

（2）在解决刑事案件的任何阶段提出申诉；

（3）在申诉处理过程中的任何阶段撤回申诉；

（4）获接收申诉处理决定；

（5）获恢复被侵犯的合法权益，依法获得损害赔偿。

2. 申诉人有以下义务：

（1）如实陈述事实，向处理申诉的人提供信息和材料；对所陈述内容以及提供的信息和材料负法律责任；

（2）执行已产生法律效力的申诉处理决定。

第 473 条 被申诉人的权利与义务

1. 被申诉人有以下权利：

（1）被告知申诉内容；

（2）提交被申诉的诉讼决定或行为合法的证据；

（3）获接收其诉讼决定、行为的申诉处理决定。

2. 被申诉人有以下义务：

（1）对被申诉的诉讼决定和行为进行解释说明；应有权机关、组织和个人的要求提供相关信息和材料；

（2）执行申诉处理决定；

（3）按照法律规定对其违法决定、违法行为造成的损害予以赔偿、偿还、消除后果。

第 474 条 对紧急情况拘留、逮捕、拘押、羁押事项中的诉讼决定、行为申诉的处理权限和期限

1. 对紧急情况拘留令、逮捕令、拘押决定、羁押令、羁押决定、批准逮捕决定、延期拘押决定、延期羁押决定的申诉，以及对执行这些令状、决定行为的申诉，应在收到申诉后 24 小时内予以及时处理。若需要时间进行进一步核实的，则处理期

限为自收到申诉后不超过 3 日。

2. 在侦查阶段和起诉阶段，检察院检察长有责任处理对紧急情况拘留、逮捕、拘押、羁押事项中的诉讼决定、行为的申诉。有权紧急情况拘留、逮捕、拘押、羁押的机关、人员必须在收到申诉后 24 小时内转给行使公诉权和检察权的检察院，以调查被紧急情况拘留人、被逮捕人、被拘押人、被羁押人申诉的案件和事项。

对侦查机关首长、副首长、侦查员、侦查干部、检察员、检查员和被授权进行一些侦查活动人员在紧急情况拘留、逮捕、拘押、羁押事项中的诉讼决定、行为的申诉由检察院检察长处理。

对检察院副检察长在逮捕、拘押、羁押事项中的诉讼决定和行为的申诉，由检察院检察长处理。

如果不同意检察院检察长关于处理申诉的决定，则在收到申诉处理决定后的 3 日内，申诉人可以向上级检察院检察长提出申诉，如果首次处理申诉的是省级人民检察院检察长，则可向最高人民检察院检察长提出申诉。上级检察院检察长、最高人民检察院检察长必须在接到申诉后的 7 日内予以审查和处理。上级检察院检察长、最高人民检察院检察长的处理决定自作出时立即具有法律效力。

对检察院检察长在逮捕、拘押、羁押事项中的诉讼决定和行为的申诉，由上级检察院检察长审查处理，如果被申诉的是省级人民检察院检察长作出的诉讼决定和行为，则由最高人民检察院检察长审查处理。上级检察院检察长、最高人民检察院检察长必须在接到申诉后的 7 日内予以审查和处理。上级检察院检察长、最高人民检察院检察长的处理决定自作出时立即具有法律效力。

3. 在审判期间，法院有责任处理对逮捕、羁押决定的申诉。

对法院副院长在逮捕、羁押事项中的诉讼决定、行为的申诉由法院院长审查和处理。如果不同意院长关于申诉的处理决定，则在收到申诉处理决定后 3 日内，申诉人可以向上一级法院院长提出申诉。在接到申诉后的 7 日内，上一级法院院长必须予以审查和处理。上一级法院院长的处理决定自作出时立即具有法律效力。

对法院院长在逮捕、羁押事项中的诉讼决定、行为的申诉由上一级法院院长审查和处理。在接到申诉后的 7 日内，上一级法院院长必须予以审查和处理。上一级法院院长的处理决定自作出时立即具有法律效力。

第 475 条　处理对侦查员、侦查干部、侦查机关首长、副首长、被授权进行一些侦查活动人员申诉的权限和期限

1. 对侦查员、侦查干部、侦查机关副首长除紧急情况拘留、逮捕、拘押、羁押之外的诉讼决定和行为的申诉，由侦查机关首长在收到申诉之日起的 7 日内审查并处理。如果不同意侦查机关首长的处理决定，则在收到关于申诉的处理决定之日起的 3 日内，申诉人有权向同级检察院检察长提出申诉，同级检察院检察长在收到申诉后的 7 日内必须审查并处理。该同级检察院检察长的处理决定自作出时立即具有法律效力。

对侦查机关首长的诉讼决定、行为以及对已经过同级检察院批准的侦查机关决定进行申诉，由同级检察院检察长在收到申诉之日起的 7 日内审查并处理。如果不同意同级检察院检察长的处理决定，则在收到关于申诉的处理决定之日起的 3 日内，申诉人有权向上级检察院检察长提出申诉，如果首次处理申诉的是省级人民检察院检察长，则可向最高人民检察院检察长提出申诉。上级检察院检察长、最高人民检察院检察长必须在接到申诉后的 15 日内予以审查和处理。上级检察院检察长、最高人民检察院检察长的处理决定自作出时立即具有法律效力。

2. 对获授权进行一些侦查活动机关的副首长、侦查干部除紧急情况拘留、逮捕、拘押、羁押之外的诉讼决定和行为的申诉，由获授权进行一些侦查活动机关首长在收到申诉之日起的 7 日内审查并处理。如果不同意首长的处理决定，则在收到关于申诉的处理决定之日起的 3 日内，申诉人有权向行使公诉权、侦查监督权的检察院检察长提出申诉，检察院检察长在收到申诉后的 7 日内必须审查并处理。检察院检察长的处理决定自作出时立即具有法律效力。

对获授权进行一些侦查活动机关首长的诉讼决定和行为的申诉，由行使公诉权、侦查监督权的检察院检察长审查处理。检察院检察长在收到申诉后的 7 日内必须审查并处理。检察院检察长的处理决定自作出时立即具有法律效力。

第 476 条 对检察院检察员、检查员、副检察长和检察长申诉的处理权限和期限

1. 对检察院检察员、检查员、副检察长诉讼决定和行为的申诉，由检察院检察长在接到申诉后的 7 日内予以审查、处理。如果不同意检察院检察长的决定，则在收到申诉处理决定后的 3 日内，申诉人有权向直接上级检察院提出申诉。接到申诉后的 15 日内，上级检察院检察长必须审查处理。直接上级检察院检察长的处理决定自作出时立即具有法律效力。

2. 对检察院检察长的诉讼决定和行为的申诉，由直接上级检察院自收到申诉之日起 15 日内审查处理。上级检察院检察长的处理决定自作出时立即具有法律效力。

3. 在本条第 1 款和第 2 款规定的情况中，如果对省级人民检察院检察长的诉讼决定和行为进行申诉，则按以下方式处理：

（1）对省级检察院检察长在行使侦查起诉监督权、公诉权过程中的诉讼决定和行为的申诉，由最高人民检察院自收到申诉之日起 15 日内审查处理。最高人民检察院检察长的处理决定自作出时立即具有法律效力；

（2）对省级检察院检察长在行使审判监督权、公诉权过程中的诉讼决定和行为的申诉，由高级人民检察院自收到申诉之日起 15 日内审查处理。高级人民检察院检察长的处理决定自作出时立即具有法律效力。

4. 对最高人民检察院副检察长、在最高人民检察院工作的检察员、检查员，以及在中央军事检察院工作的检察员、检查员、中央军事检察院副检察长的诉讼决定和行为的申诉，由最高人民检察院检察长和中央军事检察院检察长自收到申诉之日起 15 日内审查处理。最高人民检察院检察长和中央军事检察院检察长的处理决定自作出时立即具有法律效力。

第 477 条 对法院审判员、审查员、副院长、院长申诉的处理权限和期限

1. 对县级法院、区域军事法院的审判员、审查员、副院长在开庭审理前的诉讼决定和行为的申诉，由县级法院、区域军事法院院长在收到申诉之日起 7 日内进行处理。

如果不同意县级法院、区域军事法院院长的处理决定，则在收到申诉处理决定之日起 3 日内，申诉人有权向省级人民法院院长或军区军事法院院长申诉。省级人民法院院长或军区军事法院院长必须在收到申诉后的 15 日内予以审查处理。省级人民法院院长或军区军事法院院长的处理决定自作出时立即具有法律效力。

对县级法院院长、区域军事法院院长在开庭审理前的诉讼决定和行为的申诉，由省级人民法院院长或军区军事法院院长在收到申诉后的 15 日内予以审查处理。省级人民法院院长或军区军事法院院长的处理决定自作出时立即具有法律效力。

2. 对省级法院、军区军事法院的审判员、审查员、副院长在开庭审理前的诉讼决定和行为的申诉，由省级法院、军区军事法院院长在收到申诉之日起 7 日内进行处理。如果不同意省级法院、军区军事法院院长的处理决定，则在收到申诉处理决定之日起 3 日内，申诉人有权向高级人民法院院长或中央军事法院院长申诉。高级人民法院院长或中央军事法院院长必须在收到申诉后的 15 日内予以审查处理。高级人民法院院长或中央军事法院院长的处理决定自作出时立即具有法律效力。

对高级法院的审判员、审查员、副院长在开庭审理前的诉讼决定和行为的申诉，由高级法院院长在收到申诉之日起 7 日内进行处理。如果不同意高级法院院长的处理决定，则在收到申诉处理决定之日起 3 日内，申诉人有权向最高人民法院院长申诉，最高人民法院院长必须在收到申诉后的 15 日内予以审查处理。最高人民法院院长的处理决定自作出时立即具有法律效力。

对省级人民法院院长、军区军事法院院长的诉讼决定和行为的申诉，由高级人民法院院长或中央军事法院院长在收到申诉后 15 日内审查处理。高级人民法院院长和中央军事法院院长的处理决定自作出时立即具有法律效力。

3. 对高级人民法院院长，在最高人民法院工作的审判员、审查员，最高人民法院副院长，在中央军事法院工作的审判员、审查员，中央军事法院副院长等的诉讼决定和行为的申诉，由最高人民法院院长、中央军事法院院长在收到申诉后 15 日内予以审查处理。最高人民法院院长和中央军事法院院长的处理决定自作出时立即具有法律效力。

第 478 条　有控告权人

不管任何有权诉讼工作人员的违法行为给国家利益或机关、组织、个人的合法权益造成损害或有损害威胁的，个人都有权向主管机关、人员进行控告。

第 479 条　控告人的权利与义务

1. 控告人有以下权利：

（1）提交控告状或直接向主管机关、人员提出控告；

（2）要求对其姓名、地址、笔迹保密；

（3）获接收控告处理决定；

（4）在受到威胁、控制或报复时要求有权诉讼机关对自己予以保护。

2. 控告人有以下义务：

（1）诚实地陈述控告内容并提供与控告有关的信息、材料；

（2）列明自己的姓名、地址；

（3）对自己故意不符合事实的控告负法律责任。

第 480 条　被控告人的权利与义务

1. 被控告人有以下权利：

（1）获告知控告内容；

（2）提出证据证明控告内容不符合事实；

（3）获接收控告处理决定；

（4）若错误的控告造成其损害时，可要求恢复其被侵害的合法权益，恢复其名誉及要求赔偿损失；

（5）要求主管机关、组织、人员处理不符合事实控告的人。

2. 被控告人有以下义务：

（1）解释被控告的行为；在主管机关、人员有要求时，提供有关信息和材料；

（2）执行控告处理决定；

（3）对因其违法诉讼行为造成的损害进行赔偿、偿还、消除后果。

第 481 条　控告的处理权限与期限

1. 被控告有违法行为的有权诉讼工作人员由其所属的有权诉讼机关负责人处理该控告事项。

如果被控告的是侦查机关首长、检察院检察长，则由直接的上级侦查机关首长、上级检察院检察长负责处理。

如果被控告的是县级人民法院院长、区域军事法院院长，则由省级人民法院院长、军区军事法院院长负责处理。

如果被控告的是省级人民法院院长、军区军事法院院长，则由高级人民法院院长、中央军事法院院长负责处理。

如果被控告的是高级人民法院院长、中央军事法院院长，则由最高人民法院院长负责处理。

对获授权进行一些侦查活动人员诉讼行为的控告，由行使公诉权、侦查监督权的检察院检察长负责审查处理。

2. 对具有犯罪迹象的违法行为的控告，依照本法典第 145 条的规定处理。

3. 控告处理期限为自收到控告之日起不超过 30 日；对于情况复杂的，控告处理期限可以延长，但不得超过 60 日。

4. 控告涉及侦查、起诉阶段的紧急情况拘留、逮捕、拘押、羁押行为的，由同级检察院检察长或有权主管的检察院检察长自收到控告后的 24 小时内审查处理。如果需要进一步确认的，则控告处理期限为自收到控告后不得超过 3 日。

第 482 条　负责处理申诉、控告机关、人员的责任

1. 负责处理申诉、控告机关、人员在其任务和权限范围内，有责任及时接收、依法处理申诉、控告，并将申诉、控告处理决定交付给申诉、控告人；严格处理违法人员；根据要求采取措施保护控告人，防止可能发生的损害；保障申诉、控告处理结果得以严格执行，并对自己的处理事宜负法律责任。

2. 有权处理申诉、控告的人员不处理或在处理过程中不负责任、违法处理的，应根据其违法行为的性质和程度，对其予以纪律处分或追究刑事责任。若造成损害的，必须依照法律规定予以赔偿、偿还。

3. 侦查机关、获授权进行一些侦查活动机关、法院应当向同级检察院或有权主管的检察院通报其所受理申诉、控告事项并向其送交申诉、控告处理文书。

第 483 条　检察院在监督申诉、控告处理事项中的任务和权限

1. 检察院对同级和下级的侦查机关、获授权进行一些侦查活动机关、法院处理申诉、控告事项予以监督。

2. 在监督申诉、控告处理事项时，检察院具有以下任务和权限：

（1）要求侦查机关、法院、获授权进行一些侦查活动机关按照本章的规定作出申诉处理决定、作出控告处理文书；

（2）要求侦查机关、法院、获授权进行一些侦查活动机关对自己及其下级处理申诉、控告事宜进行自我检查，将检查结果通报检察院。

（3）要求侦查机关、法院、获授权进行一些侦查活动机关提供与处理申诉、控告事项有关的卷宗、材料给检察院；

（4）直接在同级和下级的侦查机关、获授权进行一些侦查活动机关、法院监督申诉、控告处理事宜；

（5）发布检察结论；行使建议权、抗诉权，要求侦查机关、法院、获授权进行一些侦查活动机关克服在处理申诉、控告活动中的违法情形。

3. 上级检察院有责任审查、检查下级检察院的申诉、控告处理事宜。最高人民检察院审查、检查各级检察院的申诉、控告处理事宜。

第三十四章　保护告发人、证人、被害人及其他诉讼参加人

第 484 条　保护对象

1. 保护对象包括：

（1）告发犯罪的人；

（2）证人；

（3）被害人；

（4）告发犯罪的人、证人、被害人的亲属。

2. 保护对象的权利：

（1）提议得到保护；

（2）获告知、解释权利与义务；

（3）获告知所采取的保护措施；建议调整、补充、撤销保护措施；

（4）在保护期间，获得损害赔偿、恢复名誉、保障各项合法权益。

3. 保护对象的义务：

（1）严格执行保护机关相关保护工作的要求；

（2）对保护情况予以保密；

（3）及时将保护期间的可疑问题通报承担保护责任的机关。

第 485 条　有权决定采用保护措施的机关、人员

1. 有权决定采用保护措施的机关包括：

（1）人民公安的侦查机关；

（2）人民军队的侦查机关。

2. 有权决定采用保护措施的人员包括：

（1）人民公安的侦查机关首长、副首长对于本机关受理、处理、侦查的刑事案件、其他事项中需要保护的对象或按照同级人民检察院、同级人民法院提议及最高人民检察院提议保护的对象，有权决定采取保护措施；

（2）人民军队的侦查机关首长、副首长对于本机关受理、处理、侦查的刑事案件、其他事项中需要保护的对象或按照同级军事检察院、同级军事法院提议及中央军事检察院提议保护的对象，有权决定采取保护措施；

3. 各级人民检察院、人民法院如果发现需要对保护对象采取保护措施的，应建议直接处理案件的侦查机关作出对保护对象采取保护措施的决定。建议应采取书面形式。

最高人民检察院侦查机关、中央军事检察院侦查机关如果发现本机关受理、处理、侦查的刑事案件、其他事项中需要对保护对象采取保护措施，应上报最高人民检察院检察长、中央军事检察院检察长以书面形式建议公安部的警察侦查机关、安宁调查机关以及国防部的刑事调查机关、安宁调查机关作出采取保护措施的决定。

第 486 条　各项保护措施

1. 有根据确定被保护对象因提供相关犯罪的证据、材料、信息而在性命、健康、财产、名誉、人格方面遭到侵害或威胁的，有权诉讼机关人员则要决定采取以下保护措施对其保护：

（1）安排人员展开各项业务措施，使用武器、辅助工具及其他方式进行站岗、保护；

（2）限制保护对象的出入、对外接触以便保障保护对象的安全；

（3）自己并要求其他人对保护对象相关信息进行保密；

（4）转移、保密被保护人的住址、工作地址、学习地址；经被保护人同意，对其踪迹、履历、相貌特征进行变换；

（5）对各侵害被保护人的行为进行通牒、警告或作无效化处理；依照法律规定及时制止、处理各侵害行为；

（6）法律规定的其他保护措施。

2. 适用、变更本条第 1 款规定的保护措施不得影响被保护对象的合法权益。

第487条 建议、要求采取各保护措施

1. 被保护人有权书面建议、要求有权机关对其采取保护措施。书面建议、要求包括以下主要内容：

（1）年月日；

（2）建议人的姓名、地址；

（3）建议采取保护措施的理由和内容；

（4）建议人签字或按手印。对于机关、组织提出建议的，由该机关、组织的法定代表人签字和盖章。

2. 对于紧急情况，受保护人可直接或通过通信联络方式建议有权机关、人员采取保护措施，但事后需补充书面建议，有权机关、人员接收建议、请求后需制作笔录并存入卷宗。

3. 对于正在进行诉讼的案件，获授权进行一些侦查活动机关、检察院、法院接到建议、要求适用保护措施的，有责任进行审查并建议同级侦查机关审查作出采取保护措施的决定。高级人民检察院、高级人民法院接到建议、要求采取保护措施的，则提议公安部侦查机关审查、决定采取保护措施。

4. 侦查机关需审核保护建议、要求的依据、真实性。如果认为不需要采取保护措施的，应向提出建议、要求的人解释清楚理由。

第488条 采取保护措施的决定

1. 采取保护措施的决定包括以下主要内容：

（1）作出决定的编号，年、月、日，地点；

（2）作出决定人员职务；

（3）作出决定的依据；

（4）被保护人姓名、出生年月日、住址；

（5）保护措施及开始执行保护措施时间。

2. 采取保护措施的决定要交付给要求保护的人、被保护对象、提议采取保护措施的检察院、法院以及与保护工作相关的机关、组织、单位。

3. 作出采取保护措施决定之后，有权实施的侦查机关必须立即组织实施保护措施。如有必要，可由人民公安、人民军队中的各机关、单位配合执行保护工作。

4. 作出采取保护措施决定的侦查机关在执行保护工作中如果认为有必要的，可以变更、补充保护措施。

5. 保护时间从采取保护措施之时起直至作出停止适用保护措施的决定之时。

第 489 条 停止保护工作

1. 当发现被保护对象的生命、健康、财产、名誉、尊严不再受到侵害或威胁，由原作出采取保护措施决定的侦查机关首长作出停止适用保护措施的决定；

2. 停止适用保护措施的决定要交付给被保护对象、原提议采取保护措施的机关以及与保护工作相关的机关、组织、单位。

第 490 条 保护卷宗

1. 作出采取保护措施的侦查机关要建立保护卷宗。

2. 保护卷宗包括：

（1）建议、要求采取保护措施的文书；建议、要求采取保护措施事项的笔录；

（2）对侵犯、威胁被保护对象生命、健康、财产、名誉、尊严行为的确认结果；

（3）已产生的损害后果（如有）及有权机关处理情况的

材料；

 （4）要求、提议变更、补充、撤销保护措施的文书；

 （5）采取、变更、补充、撤销保护措施的决定；

 （6）反映采取保护措施演变过程的材料；

 （7）要求、建议机关、组织、个人配合保护工作的文书；

 （8）实施保护工作的结果报告；

 （9）停止保护措施的决定；

 （10）其他与保护工作有关的文书、材料。

第八部分　国际合作

第三十五章　一般规定

第 491 条　刑事诉讼中国际合作范围

1. 刑事诉讼中的国际合作是越南社会主义共和国主管机关与外国的主管机关相互配合、协助以实施服务刑事案件的侦查、起诉、审判与执行要求的活动。

2. 刑事诉讼国际合作包括刑事司法协助，引渡，接收、移送正在服刑人员，以及本法典、关于司法协助的法律和越南社会主义共和国作为成员国的国际条约规定的其他各项司法国际合作活动；

3. 在越南社会主义共和国领土上的刑事诉讼国际合作，根据越南社会主义共和国作为成员国的国际条约或对等原则、根据本法典、关于司法协助的法律以及越南其他相关法律的规定进行。

第 492 条　刑事诉讼国际合作的原则

1. 刑事诉讼国际合作要在尊重独立、主权、国家领土完整、不相互干涉内政、平等双赢、不违背越南宪法、法律及越南作为成员国的国际条约的原则上进行。

2. 对于越南没有签订或加入相关国际条约的情形，则在不违背越南法律并符合国际法和国际惯例情况下，可按照对等原则进行刑事诉讼国际合作。

第493条　刑事诉讼国际合作的中央机关

1. 越南公安部是越南社会主义共和国引渡和接收、移交正在服刑人员的中央机关。

2. 越南最高人民检察院是越南社会主义共和国刑事司法协助及其他国际合作活动的中央机关。

第494条　刑事诉讼国际合作收集的材料、物证的法理价值

应越南主管机关委托由国外主管机关收集的材料和物品，或者由国外主管机关交付给越南用作委托追究刑事责任的材料和物品，可作为证据。这种情形的材料和物品具有本法典第89条规定之特征的，可作为物证。

第495条　越南主管机关工作人员在国外及国外主管机关工作人员在越南的诉讼活动

越南主管机关工作人员在国外的诉讼活动以及国外主管机关工作人员在越南的诉讼活动，按照越南社会主义共和国作为成员国的国际条约或按对等原则进行。

第496条　越南的证人、鉴定人、正在服刑的人员到国外或国外证人、鉴定人、正在服刑的人员到越南参加诉讼

1. 越南主管机关可以提议国外主管机关让在其国家的证人、鉴定人、正在服刑的人员到越南为解决相关刑事案件服务。

2. 根据国外主管机关的提议，越南主管机关可以让越南的证人、鉴定人、正在服刑的人员到提议所在国为解决相关刑事案件服务。

第三十六章 一些国际合作活动

第 497 条 与案件有关材料、物品的接收、转交

与案件有关材料、物品的接收、转交根据越南社会主义共和国作为成员国的国际条约、本法典、关于司法协助的法律以及越南其他相关法律的规定进行。

第 498 条 对越南公民拒绝引渡的处理

对于拒绝引渡越南公民给国外的，越南主管机关有责任根据国外主管机关的要求，审查追究该越南公民刑事责任或执行国外法院的刑事判决和决定。

第 499 条 对要求追究被拒绝引渡的越南公民刑事责任的审查和处理程序、手续

1. 自作出拒绝引渡越南公民决定之日起 10 日内，根据国外主管机关的要求，由作出拒绝引渡决定的法院将国外提供的案卷材料移交给最高人民检察院审查追究刑事责任。

2. 最高人民检察院依照法律规定审查、处理国外关于对被拒绝引渡的越南人追究刑事责任的要求。

3. 对被要求追究刑事责任的人立案、侦查、起诉、审判，依据本法典的规定进行。

4. 越南主管机关可以要求国外主管机关提供和补充证据、材料、物品，以保证侦查、起诉、审判活动有依据，符合法律规定。

第 500 条 对被拒绝引渡的越南公民执行国外法院刑事判决、决定的条件

对被拒绝引渡的越南公民执行国外法院刑事判决、决定要具备以下所有条件：

1. 有国外主管机关要求对被拒绝引渡的越南公民执行国外法院刑事判决、决定的书面文件；

2. 国外判决越南公民所实施的犯罪行为，根据《刑法典》的规定也构成犯罪；

3. 国外法院的判决、决定已发生法律效力，且对该人不再有其他诉讼程序。

第 501 条　对被拒绝引渡的越南公民执行国外法院刑事判决、决定的审查程序、手续

1. 自接到国外主管机关提出对被拒绝引渡的越南公民执行国外法院判决、决定的要求之日起 30 日内，作出拒绝引渡决定的省级法院须对该要求进行审查。

2. 有管辖权的法院由 3 名审判员组成合议庭，开庭审查国外主管机关所提出对被拒绝引渡的越南公民执行国外法院判决、决定的要求。庭审必须有同级人民检察院的检察员与被要求执行国外法院判决、决定的人参加，如有律师或法定代理人的，也要参加庭审。

3. 庭审开始后，由合议庭的一名成员陈述与执行国外法院判决、决定要求相关的问题，并且列出在越南对越南公民执行国外判决、决定的法律依据；

检察员发表检察院关于在越南对越南公民执行国外判决、决定的观点；

被要求执行国外判决、决定的人、律师及代表人（如有）陈述意见；

合议庭讨论并按多数意见决定对被要求的人执行或不执行

国外判决、决定。

4. 决定对被要求的人在越南执行国外判决、决定的，必须基于以下基础审查明确在越南执行徒刑的期限：

（1）如果国外判决的刑罚期限符合越南法律的，则在越南决定执行其刑罚期限；

（2）如果国外判决的刑罚性质和期限不符合越南法律的，则改变其在越南执行刑罚的期限使之与越南法律相符，但不得长于国外判决的刑罚期限。

5. 自决定对被要求的人作出执行或不执行国外判决、决定之日起，至迟在 10 日内，省级人民法院要将决定送达给被要求执行之人、同级人民检察院以及公安部实施。

在 15 日内，被要求执行国外判决、决定的人有权上诉，同级人民检察院有权抗诉；高级人民检察院自省级人民法院作出决定后 30 日内有权抗诉。

在上诉、抗诉期满之日起 7 日内，省级人民法院须将案卷和上诉、抗诉材料移送到高级人民法院。

6. 自收到要求执行国外判决、决定的审查案件的上诉、抗诉材料和案卷后 20 日内，高级人民法院开庭审查被上诉、抗诉的省级人民法院决定。

对被上诉、抗诉的省级人民法院决定审查程序要按照本条规定执行。

7. 对越南公民作出执行国外判决、决定之决定产生法律效力的情形包括：

（1）省级人民法院的决定没被上诉、抗诉；

（2）高级人民法院的决定。

8. 在越南对越南公民执行国外法院判决、决定的程序和手续，要根据本法典和《刑事执行法》的规定执行。

9. 当接到国外对在国外犯罪而被越南拒绝引渡且正在越南执行刑罚的越南公民决定特赦、大赦或免刑、减刑决定的通报时，公安部立即将通报移交有管辖权的法院、检察院审查决定。

第 502 条　强制措施，适用强制措施的依据及权限分工

1. 为保障审查引渡要求和执行引渡决定的顺利进行，可采取的强制措施包括逮捕、羁押、禁止离开居住地、保证金取保、暂缓出境。

2. 强制措施只有在被审查的被要求引渡人员或被引渡人员完全具备以下条件时才能适用：

（1）法院已经对该人被要求引渡事项作出审查决定，或者对该人作出的引渡决定已经具备法律效力；

（2）有依据表明被要求引渡的人逃匿或干扰、阻碍对引渡要求的审查或引渡决定的执行。

3. 省级人民法院院长、副院长和高级人民法院院长、副院长有权决定本条第 1 款规定的各种强制措施的适用。审查引渡要求的审判长有权决定适用禁止离开居住地、保证金取保的强制措施，以保障被审查的人随时到庭。

第 503 条　对被要求引渡人逮捕以羁押

1. 对被要求引渡人员进行逮捕以羁押或以执行引渡决定的，根据本法典第 113 条规定执行。

2. 羁押以审查引渡要求的期限不得超过要求引渡国主管机关逮捕令中的期限或要求引渡国法院刑事判决、决定中的徒刑执行期限或剩余徒刑期限。

如有必要，省级人民法院、高级人民法院可以通过书面形式要求提出引渡申请国的主管机关对被要求引渡的人作出羁押或延期羁押令或决定，以保障审查引渡要求工作的进行；该要求文书通过公安部移交。

第 504 条　禁止离开居住地、暂缓出境

1. 禁止离开居住地是对有明确居住地址的被要求引渡人采取的强制措施，以保障其根据法院传票随时到庭。

采取禁止离开居住地措施根据本法典第 123 条规定执行。

采取禁止离开居住地措施的期限不得超过根据司法协助法律规定的审查引渡要求保障时限和对引渡决定或拒绝引渡决定的上诉、抗诉审查期限。

2. 暂缓出境是对被要求引渡人采取的强制措施，以保障其根据法院传票随时到庭。

暂缓出境根据本法典第 124 条规定执行。

采取暂缓出境措施的期限不得超过根据司法协助法律规定的审查引渡要求保障时限和对引渡决定或拒绝引渡决定的上诉、抗诉审查期限。

第 505 条　保证金取保

1. 根据被要求引渡人的财产情况，可以对被要求引渡人采取保证金取保措施，以保障其根据法院传票随时到庭。

2. 保证金取保措施根据本法典第 122 条规定执行。

3. 保证金取保措施的期限不得超过根据司法协助法律规定的审查引渡要求保障时限和对引渡决定或拒绝引渡决定的上诉、抗诉审查期限。

第 506 条　撤销或替换强制措施

1. 当有管辖权法院决定拒绝引渡，或执行引渡决定生效后满 15 日但要求引渡国不接收被引渡人，则所有已适用的强制措施全部撤销。

2. 根据本法典第 502 条规定的有权采取强制措施人员，当发现其自己作出的强制措施违反法律或者不再有必要的，应及时撤销或替换。

第 507 条　对犯罪财产的处理

1. 越南的主管机关与外国主管机关在追查、暂扣、查封、冻结、没收、处理犯罪财产事项中进行合作，以便服务刑事案件的侦查、起诉、审理和执行。

2. 在越南追查、暂扣、查封、冻结、没收犯罪财产，按照本法典及越南相关法律规定执行。

3. 在越南处理犯罪财产按照越南作为成员国的国际条约的规定或越南主管机关与外国相关主管机关之间就具体案件达成的协议执行。

第 508 条　协作侦查，采取特殊侦查措施

1. 越南的主管机关可以与外国的主管机关在协作侦查或采取特殊侦查措施事项中进行合作。协作侦查或采取特殊侦查措施按照越南作为成员国的国际条约的规定或越南主管机关与外国相关主管机关之间就具体案件达成的协议执行。

2. 在越南社会主义共和国领土内开展的协作侦查需按照本法典及越南其他相关法律进行执行。

第九部分　执行条款

第 509 条　执行效力

1. 本法典自 2016 年 7 月 1 日起具有执行效力。[1]

2. 自本法典生效后 19/2003/QH11 号《刑事诉讼法典》失去效力。

3. 废除根据第 20/2012/QH13 号法已进行修改、补充部分条款的 65/2006/QH11 号《律师法》中第 27 条第 3 款、第 4 款关于签发辩护人证明书的规定内容。

第 510 条　细则规定

中央政府、最高人民检察院、最高人民法院对本法典中已授权条款进行细则规定。

本法典于 2015 年 11 月 27 日经过越南社会主义共和国第 13 届国会第 10 次会议通过。

国会主席

阮生雄

---

〔1〕　译者注：该法典原定于 2016 年 7 月 1 日正式实施，但因同批次通过的越南《刑法典》存在纰漏，越南国会于 2016 年 6 月 29 日通过 144/2016/QH13 号决议决定推迟该批次各部法典、法律的实施时间。直至 2017 年 6 月 20 日越南国会又通过 41/2017/QH14 号决议，决定将 2015 年《刑事诉讼法典》的实施时间确定为 2018 年 1 月 1 日。

国会

法律编号：02/2021/QH15

越南社会主义共和国

独立－自由－幸福

河内，2021 年 11 月 12 日

修改、补充《刑事诉讼法典》部分条款法

根据越南社会主义共和国宪法

国会颁行《修改、补充 101/2015/QH13 号〈刑事诉讼法典〉部分条款法》

第 1 条　修改、补充《刑事诉讼法典》部分条款

1. 修改、补充第 146 条第 3 款如下：

"3. 乡、坊、镇公安、派出所有责任接收关于犯罪的告发、报案，制作接收笔录，进行初步审查和核实，并立即将关于案件的告发、报案随附相关材料和物品移交有管辖权的侦查机关。"

2. 在第 148 条第 1 款第（2）项后面补充第（3）项如下：

"（3）无法完成检查、确认工作以决定立案或不立案是由于天灾、病疫等不可抗力造成的。

最高人民检察院检察长主持，公安部部长、国防部部长和其他相关机关首长配合制定本项规定的细则。"

3. 修改、补充第 155 条第 1 款如下：

"1. 只有对《刑法典》第 134、135、136、138、139、141、143、155 和 156 条等条文第 1 款规定的犯罪，才能应被害人或 18 岁以下的人、精神病人、有生理缺陷或已经死亡被害者的法定代理人之要求进行刑事立案。"

4. 修改、补充第 157 条第 8 款如下：

"8.《刑法典》第 134、135、136、138、139、141、143、155 和 156 条等条文第 1 款规定的犯罪，被害人或其法定代理人不要求刑事立案的。"

5. 在第 229 条第 1 款第（3）项后面补充第（4）项如下：

"（4）由于天灾、病疫等不可抗力导致无法侦查终结但侦查期限已满时。

最高人民检察院检察长主持，公安部部长、国防部部长和其他相关机关首长配合制定本项规定的细则。"

6. 在第 247 条第 1 款第（3）项后面补充第（4）项如下：

"（4）由于天灾、病疫等不可抗力导致无法进行各项诉讼活动以决定是否起诉，但作出是否起诉决定事项期限已满时。

最高人民检察院检察长主持，公安部部长、国防部部长和其他相关机关首长配合制定本项规定的细则。"

第 2 条　执行条款

1. 修改、补充 99/2015/QH13 号《刑事侦查机关组织法》第 44 条如下：

"第 44 条：乡、坊、镇公安、派出所的责任

1. 乡、坊、镇公安、派出所有责任接收关于犯罪的告发、报案，制作接收笔录，进行初步审查和核实，并立即将关于犯罪的告发、报案随附相关材料和物品移交有管辖权的侦查机关。

2. 乡、坊、镇公安、派出所发现、抓获、接收现行犯、被通缉犯的，要依照法律规定收缴、暂扣武器、凶器，保管相关材料、物品，制作抓获与初始讯问笔录，保护现场；立即将被抓获人员押解到其直接上级公安机关或立即报告有管辖权的侦查机关。"

2. 本法自 2021 年 12 月 1 日起具有执行效力。

本法于 2021 年 11 月 12 日获越南社会主义共和国第 15 届国会第 2 次会议通过。

国会主席

王庭惠